Rᵒ

SCOTS POEMS

Elibron Classics

www.elibron.com

Elibron Classics series.

© 2006 Adamant Media Corporation.

ISBN 0-543-90140-8 (paperback)
ISBN 0-543-90139-4 (hardcover)

Elibron and Elibron Classics are trademarks of
Adamant Media Corporation. All rights reserved.

This book is an accurate reproduction of the original. Any marks, names, colophons, imprints, logos or other symbols or identifiers that appear on or in this book, except for those of Adamant Media Corporation and BookSurge, LLC, are used only for historical reference and accuracy and are not meant to designate origin or imply any sponsorship by or license from any third party.

THE LIST OF CONTENTS

AN ECLOGUE

'TWAS E'ENING WHAN THE SPECKLED
    gowdspink sang,
Whan new fa'en dew in blobs o' crystal hang;
'Than Will and Sandie thought they'd wrought
    eneugh,
And loos'd their sair toil'd owsen frae the
    pleugh:
Before they ca'd their beasts unto the town,
The lads to draw their breath e'en sat them
    down:
To the stiff sturdy aik they lean their backs,
While honest Sandy thus begins the cracks.
    San. Ance I could hear the lavrock's shrill-
    tun'd throat,
And listen to the clattering gowdspink's note;
Ance I could whistle cantily as they,
To owsen, as they till'd my ruggit clay;
But now I would as leive maist lend my lugs
To tuneless paddocks croaking i' the bogs;
I sigh at hame, a-field am dowie too,
To sowf a tune I'll never crook my mou.
    Wil. Foul fa me gif your bridal had na been
Nae langer bygane than sin' Hallow-e'en,
I could hae tell'd you but a warlock's art,
That some daft lyghtly in quean had stow'n your
    heart;
Our beasties here will tak their e'ening pluck,
An' now sin Jock's gane hame the byres to
    muck,
Fain would I houp my friend will be inclin'd
To gie me a' the secrets o' his mind:
Heh! Sandie, lad, what dool's come owr ye now,
That you to whistle ne'er will crook your mou.

San. Ah! Willie, Willie, I my date my wae
Frae what beted me on my bridal day;
Sair may I rue the hour in which our hands
Were knit thegither in the haly bands;
Sin' that I thrave sae ill, in troth I fancy,
Some fiend or fairy, nae sae very chancy,
Has driven me, by pauky wiles uncommon,
To wed this flyting fury of a woman.

   Wil. Ah! Sandie, aften hae I heard you tell,
Amang the lasses a' she bure the bell;
And say, the modest glances o' her een
Far dang the brightest beauties o' the green;
You ca'd her ay sae innocent, sae young,
I thought she kent na how to use her tongue.

   San. Before I married her, I'll tak my aith,
Her tongue was never louder than her breath;
But now its turn'd sae souple and sae bauld,
That Job himsell could scarcely thole the
     scauld.

   Wil. Let her yelp on, be you as calm's a
     mouse,
Nor let your whisht be heard into the house;
Do what she can, or be as loud's she please,
Ne'er mind her flytes, but set your heart at ease.
Sit down and blaw your pipe, nor faush your
     thumb,
An' there's my hand she'll tire, and soon sing
     dumb;
Sooner shou'd Winter's cald confine the sea,
An' let the sma'est o' our burns rin free:
Sooner at Yule-day shall the birk be drest,
Or birds in sapless busses big their nest,
Before a tonguey woman's noisy plea
Shou'd ever be a cause to danton me.

   San. Weel could I this abide, but oh! I fear
I'll soon be twin'd o' a' my warldly gear;
My kirnstaff now stands gizzen'd at the door,

My cheese-rack toom that ne'er was toom be-
    fore;
My kye may now rin rowtin' to the hill,
And on the naked yird their milkness spill;
She seenil lays her hand upon a turn,
Neglects the kebbuck, and forgets the kirn;
I vow my hair-mould milk would poison dogs,
As it stands lapper'd in the dirty cogs.
Before the seed I sell'd my ferra cow,
An' wi' the profit coft a stane o' woo:
I thought, by priggin', that she might hae spun
A plaidie, light, to screen me frae the sun;
But tho' the siller's scant, the cleedin' dear,
She has na ca'd about a wheel the year.
Last owk but ane I was frae hame a day,
Buying a threave or twa o' bedding strae:
O' ilka thing the woman had her will,
Had fouth o' meal to bake, and hens to kill:
But hyn awa' to Edinbrough scour'd she
To get a making o' her fav'rite tea;
And 'cause I left na her the weary clink,
She pawn'd the very trunchers frae my bink.

    Wil. Her tea! ah! wae betide sic costly gear,
Or them that ever wad the price o't spear.
Sin' my auld gutcher first the warld knew,
Fowk had na found the Indies whare it grew.
I mind mysell, it's nae sae lang sin' syne,
Whan antie Marion did her stamack tyne,
That Davs our gard'ner came frae Apple-bog,
An' gae her tea to tak by way o' drog.

    San. Whan ilka herd for cauld his fingers
    rubs,
An' cakes o' ice are seen upo' the dubs;
At morning, whan frae pleugh or fauld I come,
I'll see a braw reek rising frae my lum,
An' aiblins think to get a rantin blaze,
To fley the frost awa', and tost my taes;

But whan I shoot my nose in, ten to ane
If I weelfardly see my ane hearthstane;
She round the ingle wi' her gimmers sits,
Crammin' their gabbies wi' her nicest bits,
While the gudeman out-by maun fill his crap
Frae the milk coggie, or the parritch cap.

    Wil. Sandy, gif this were ony common plea,
I should the lealest o' my counsel gie;
But mak or middle betwixt man an' wife,
Is what I never did in a' my life.
It's wearin' on now to the tail o' May,
An' just between the beer-seed and the hay;
As lang's an orra morning may be spar'd,
Stap your wa's east the haugh, an' tell the laird;
For he's a man weel vers'd in a' the laws,
Kens baith their outs an' ins, their cracks an'
    flaws,
An' ay right gleg, whan things are out o' joint,
At sattlin o' a nice or kittle point.
But yonder's Jock, he'll ca' your owsen hame,
And tak thir tidings to your thrawart dame,
That ye're awa' ae peacefu' meal to prie,
An' tak your supper kail or sow'ns wi' me.

An Eclogue to the Memory of Dr William Wilkie, late Professor of Natural Philosophy in the University of St Andrews

GEORDIE AND DAVIE

Geo. BLAW saft, my reed, and kindly to my
    maen,
Weel may ye thole a saft an' dowie strain;
Nae mair to you shall shepherds in a ring,
Wi' blythness skip, or lasses lilt an' sing;
Sic sorrow now maun sadden ilka e'e,
An' ilka waefu' shepherd grieve wi' me.

    Dav. Wharefore begin a sad an' dowie strain,
Or banish lilting frae the Fifan plain?
Tho' simmer's gane, an' we nae langer view
The blades o' claver wat wi' pearls o' dew.
Cauld Winter's bleakest blasts we'll eithly cowr,
Our eldin's driven, an' our har'st is owr;
Our rucks fu' thick are stackit i' the yard,
For the Yule-feast a sautit mart's prepar'd;
The ingle-nook supplies the simmer fields,
An' aft as mony gleefu' moments yields.
Swith man! fling a' your sleepy springs awa',
An' on your canty whistle gie's a blaw:
Blythness, I trow, maun lighten ilka e'e,
An' ilka canty callant sing like me.

    Geo. Na, na! a canty spring wad now impart
Just threefald sorrow to my heavy heart.
Tho' to the weet my ripen'd aits had fawn,
Or shake-winds ow'r my rigs wi' pith had blawn,
To this I could hae said, "I carena by,"
Nor fund occasion now my cheeks to dry.
Crosses like thae, or lack o' world's gear,
Are naithing whan we tyne a friend that's dear.

Ah! waes me for you, Willie! mony a day
Did I wi' you on yon broom-thackit brae
Hound aff my sheep an' lat them careless gang
To harken to your cheery tale or sang;
Sangs that for ay, on Caledonia's strand,
Shall fit the foremost 'mang her tunefu' band.

    I dreamt yestreen his deadly wraith I saw
Gang by my een as white's the driven snaw;
My colley, Ringie, youff'd an' yowl'd a' night,
Cour'd an' crap near me in an unco fright,
I waken'd fley'd, an' shook baith lith and limb;
A cauldness took me, an' my sight grew dim:
I kent that it forspack approachin' wae
When my poor doggie was disturbit sae.
Nae sooner did the day begin to dawn,
Than I beyont the know fu' speedy ran,
Whare I was keppit wi' the heavy tale,
That sets ilk dowie sangster to bewail.

    Dav. An' wha on Fifan bents can weel re-
        fuse
To gie the tear o' tribute to his Muse? —
Fareweel ilk cheery spring, ilk canty note,
Be daffin an' ilk idle play forgot;
Bring, ilka herd, the mournfu', mournfu' boughs,
Rosemary sad, and ever dreary yews;
Thae lat be steepit i' the saut, saut tear,
To weet wi' hallow'd draps his sacred bier,
Whase sangs will ay in Scotland be rever'd,
While slow-gawn owsen turn the flow'ry swaird;
While bonny lambies lick the dews of spring,
While gaudsmen whistle, or while birdies sing.

    Geo. 'Twas na for weel tim'd verse or sangs
        alane
He bore the bell frae ilka shepherd swain.
Nature to him had gi'en a kindly lore,
Deep a' her mystic ferlies to explore:
For a' her secret workings he could gie

Reasons that wi' her principles agree.
Ye saw yoursel how weel his mailin' thrave,
Ay better faugh'd an' snodit than the lave;
Lang had the thristles an' the dockans been
In use to wag their taps upo' the green
Whare now his bonny rigs delight the view,
An' thriving hedges drink the caller dew.[1]

    Dav. They tell me, Geordie, he had sic a
        gift,
That scarce a starnie blinkit frae the lift,
But he would some auld warld name for't find,
As gart him keep it freshly in his mind:
For this some ca'd him an uncanny wight;
The clash gaed round, "he had the second
        sight";
A tale that never fail'd to be the pride
O' grannies spinnin' at the ingle-side.

    Geo. But now he's gane, an' Fame that,
        whan alive,
Seenil lats ony o' her vot'ries thrive,
Will frae his shinin' name a' motes withdraw,
And on her loudest trump his praises blaw.
Lang may his secret banes untroubled rest!
Lang may his truff in gowans gay be drest!
Scholars and bards unheard of yet shall come,
And stamp memorials on his grassy tomb,
Which in yon ancient kirk-yard shall remain,
Fam'd as the urn that hads the MANTUAN
        swain.

---

[1] Dr Wilkie had a farm near St Andrews, on which he made improvements.

Elegy on the Death of Mr David Gregory, late Professor of Mathematics in the University of St Andrews

Now mourn, ye college masters a'!
An' frae your een a tear let fa',
Fam'd GREGORY death has ta'en awa'
           Without remeid;
The skaith ye've met wi's nae that sma',
           Sin' Gregory's dead.

The students too will miss him sair,
To school them weel his eident care,
Now they may mourn for ever mair,
           They hae great need;
They'll hip the maist feck o' their lear,
           Sin' Gregory's dead.

He could, by Euclid, prove lang syne
A ganging point compos'd a line;
By numbers too, he could divine,
           Whan he did read,
That three times three just made up nine;
           But now he's dead.

In Algebra weel skill'd he was,
An' kent fu' weel proportion's laws;
He could mak clear baith B's and A's
           Wi' his lang head;
Rin owr surd roots but cracks or flaws;
           But now he's dead.

Weel vers'd was he in architecture,
An' kent the nature of the sector,
Upo' baith globes he weel cou'd lecture,
            An' gar's tak heed;
O' Geometry he was the Hector;
            But now he's dead.

Sae weel's he'd fley the students a',
When they were skelpin' at the ba',
They took leg-bail, an' ran awa'
            With pith an' speed;
We winna get a sport sae bra',
            Sin' Gregory's dead.

Great 'casion hae we a' to weep,
An' cleed our skins in mournin' deep,
For Gregory death will fairly keep
            To take his nap;
He'll till the resurrection sleep
            As sound's a tap.

THE DAFT DAYS

Now mirk December's dowie face
Glowrs ow'r the rigs wi' sour grimace,
While, thro' his minimum o' space,
    The bleer-ey'd sun,
Wi' blinkin' light, and stealing pace,
    His race doth run.

Frae naked groves nae birdie sings,
To shepherd's pipe nae hillock rings,
The breeze nae od'rous flavour brings
    Frae Borean cave,
An' dwynin' Nature droops her wings,
    Wi' visage grave.

Mankind but scanty pleasure glean
Frae snawy hill or barren plain,
Whan Winter, 'midst his nipping train,
    Wi' frozen spear,
Sends drift ow'r a' his bleak domain,
    And guides the weir.

Auld Reikie! thou'rt the canty hole,
A bield for mony a cauldrife soul,
Wha snugly at thine ingle loll,
    Baith warm and couth,
While round they gar the bicker roll,
    To weet their mouth.

When merry Yule-day comes, I trow,
You'll scantlins fin' a hungry mou;
Sma' are our cares, our stamacks fou
    O' gusty gear,
An' kickshaws, strangers to our view
    Sin' fairn-year.

Ye browster wives, now busk ye bra',
An' fling your sorrows far awa';
Then come an' gie's the tither blaw
   O' reaming ale,
Mair precious than the well o' Spa,
   Our hearts to heal.

Then, tho' at odds wi' a' the warl',
Amang oursels we'll never quarrel;
Tho' Discord gie a cankar'd snarl
   To spoil our glee,
As lang's there's pith into the barrel
   We'll drink an' 'gree.

Fiddlers, your pins in temper fix,
And rozet weel your fiddle-sticks,
But banish vile Italian tricks
   Frae out your quorum,
Nor fortes wi' pianos mix,
   Gie's Tullochgorum.

For nought can cheer the heart sae weel
As can a canty Highland reel,
It even vivifies the heel
   To skip and dance:
Lifeless is he wha canna feel
   Its influence.

Let mirth abound, let social cheer
Invest the dawning of the year;
Let blithesome innocence appear
   To crown our joy,
Nor envy, wi' sarcastic sneer,
   Our bliss destroy.

And thou, great god of *Aqua Vitæ*!
Wha sways the empire o' this city,
When fou we're sometimes capernoity,
   Be thou prepar'd
To hedge us frae that black banditti,
   The City-Guard.

THE KING'S BIRTH-DAY IN EDINBURGH

Oh! qualis hurly-burly fuit; fi forte vidisses.
POLEMO-MIDDINIA.

I SING the day sae aften sung,
Wi' which our lugs hae yearly rung,
In whase loud praise the Muse has dung
    A' kind o' print;
But wow! the limmer's fairly flung;
    There's naithing in't.

I'm fain to think the joy's the same
In London town as here at hame,
Whare fouk o' ilka age and name,
    Baith blind and cripple,
Forgather aft, O fy for shame!
    To drink an' tipple.

O Muse, be kind, an' dinna fash us
To flee awa' beyont Parnassus,
Nor seek for Helicon to wash us,
    That heath'nish spring;
Wi' Highland whisky scour our hawses,
    An' gar us sing.

Begin then, dame, ye've drunk your fill,
You woudna hae the tither gill?
You'll trust me, mair would do you ill,
    An' ding your doitet:
Troth 'twould be sair against my will
    To hae the wyte o't.

Sing then, how, on the fourth of June,
Our bells screed aff a loyal tune,
Our ancient castle shoots at noon,
                    Wi' flag-staff buskit,
Frae which the soger blades come down
                    To cock their musket.

On willawins! Mons Meg, for you,
'Twas firing crack't thy muckle mou;
What black mishanter gart ye spew
                    Baith gut an' ga'!
I fear they bang'd thy bellow fu'
                    Against the law.

Right seenil am I gi'en to bannin,
But, by my saul, ye was a cannon,
Cou'd hit a man had he been stannin
                    In shire o' Fife,
Sax lang Scots miles ayont Clackmannan,
                    An' tak his life.

The hills in terror wou'd cry out,
An' echo to thy dinsome rout;
The herds wou'd gather in their nowt,
                    That glowr'd wi' wonder,
Haflins afley'd to bide thereout
                    To hear thy thunder.

Sing likewise, Muse, how Blue-gown bodies,
Like scar-craws new ta'en down frae woodies,
Come here to cast their clouted duddies,
                    An' get their pay:
Than them what magistrate mair proud is
                    On king's birth-day?

On this great day the city-guard,
In military art weel lear'd,
Wi' powder'd pow and shaven beard,
        Gang thro' their functions,
By hostile rabble seldom spar'd
        O' clarty unctions.

O soldiers! for your ain dear sakes,
For Scotland's, alias, *Land o' Cakes*,
Gie not her bairns sic deadly pakes,
        Nor be sae rude,
Wi' firelock or Lochaber aix,
        As spill their blude.

Now round an' round the serpents whiz,
Wi' hissing wrath and angry phiz;
Sometimes they catch a gentle gizz,
        Alack-a-day!
An' singe wi' hair-devouring bizz,
        Its curls away.

Shou'd th' owner patiently keek round,
To view the nature o' his wound,
Dead pussie, draggled thro' the pond,
        Taks him a lounder,
Whilk lays his honour on the ground
        As flat's a flounder.

The Muse maun also now implore
Auld wives to steek ilk hole an' bore;
If baudrins slip but to the door,
        I fear, I fear,
She'll nae lang shank upo' all four
        This time o' year.

Neist day ilk hero tells his news,
O' crackit crowns and broken brows,
An' deeds that here forbid the Muse
            Her theme to swell,
Or time mair precious to abuse
            Their crimes to tell,

She'll rather to the fields resort,
Whare music gars the day seem short,
Whare doggies play, and lambies sport,
            On gowany braes,
Whare peerless Fancy hads her court,
            And tunes her lays.

CALLER OYSTERS

Happy the man who, free from care and strife,
In silken or in leathern purse retains
A splendid shilling. He nor hears with pain
New OYSTERS cry'd, nor sighs for chearful ale.
                                        PHILLIPS.

O' A' the waters that can hobble
A fishing yole or sa'mon coble,
An' can reward the fisher's trouble,
                Or south or north,
There's nane sae spacious an' sae noble
                As Frith o' Forth.

In her the skate an' codlin sail,
The eel fu' souple wags her tail,
Wi' herrin, fleuk, and mackarel,
                An' whitin's dainty:
Their spindle-shanks the labsters trail,
                Wi' partans plenty.

Auld Reikie's sons blyth faces wear;
September's merry month is near,
That brings in Neptune's caller cheer,
                New oysters fresh;
The halesomest and nicest gear
                O' fish or flesh.

O! then we needna gie a plack
For dand'ring mountebank or quack,
Wha o' their drugs sae baldly crack,
                An' spread sic notions,
As gar their feckless patients tak
                Their stinkin' potions.

Come prie, frail man! for gin thou art sick,
The oyster is a rare cathartic,
As ever doctor patient gart lick
      To cure his ails;
Whether you hae the head or heart ake,
      It ay prevails.

Ye tiplers open a' your poses,
Ye wha are fash'd wi' pluky noses,
Fling owr your craig sufficient doses,
      You'll thole a hunder,
To fleg awa' your simmer roses,
      An' naething under.

Whan big as burns the gutters rin,
Gin ye hae catcht a droukit skin,
To Lucky Middlemist's loup in,
      An' sit fu' snug
Owr oysters and a dram o' gin,
      Or haddock lug.

When auld Saunt Giles, at aught o'clock
Gars merchant lowns their shopies lock,
There we adjourn wi' hearty fock
      To birle our bodies,
An' get wharewi' to crak our joke,
      An' clear our noddles.

Whan Phœbus did his winnocks steek,
How aften at that ingle cheek
Did I my frosty fingers beek,
      An' prie gude fare
I trow there was na hame to seek
      Whan steghin there.

While glakit fools, ow'r rife o' cash,
Pamper their wames wi' fousom trash,
I think a chiel may gayly pass;
                    He's nae ill boden
That gusts his gab wi' oyster sauce,
                    An' hen well sodden,

At Musselbrough, an' eke Newhaven,
The fisher wives will get top livin,
Whan lads gang out on Sunday's even
                    To treat their joes,
An' tak o' fat pandores a priven,
                    Or mussel brose.

Then sometimes, ere they flit their doup,
They'll aiblins a' their siller coup
For liquor clear frae cutty stoup,
                    To weet their wizzen,
An' swallow owr a dainty soup,
                    For fear they gizzen.

A' ye wha canna staun sae sicker,
Whan twice you've toom'd the big-ars'd bicker,
Mix-caller oysters wi' your liquor,
                    An' I'm your debtor,
If greedy priest or drouthy vicar
                    Will thole it better.

BRAID CLAITH

YE wha are fain to hae your name
Wrote i' the bonny book o' Fame,
Let Merit nae pretension claim
            To laurel'd wreath,
But hap ye weel, baith back and wame,
            In gude Braid Claith.

He that some ells o' this may fa',
An' slae black hat on pow like snaw,
Bids bauld to bear the gree awa',
            Wi' a' this graith,
Whan beinly clad wi' shell fu' braw
            O' gude Braid Claith.

Waesuck for him wha has nae feck o't!
For he's a gowk they're sure to geck at,
A chiel that ne'er will be respekit,
            While he draws breath,
Till his four quarters are bedeckit
            Wi' gude Braid Claith.

On Sabbath-days the barber spark,
Whan he has done wi' scrapin wark,
Wi' siller broachie in his sark,
            Gangs trigly, faith!
Or to the Meadow, or the Park,
            In gude Braid Claith.

Weel might ye trow, to see them there,
That they to shave your haffits bare,
Or curl an' sleek a pickle hair,
            Would be right laith,
When pacing wi' a gawsy air
            In gude Braid Claith.

If ony mettl'd stirrah green
For favour frae a lady's een,
He maunna care for bein' seen
    Before he sheath
His body in a scabbard clean
    O' gude Braid Claith.

For, gin he come wi' coat thread-bare,
A feg for him she winna care,
But crook her bonny mou' fou sair,
    And scald him baith:
Wooers shou'd ay their travel spare
    Without Braid Claith.

Braid Claith lends fock an unco heese,
Makes mony kail-worms butterflies,
Gies mony a doctor his degrees
    For little skaith:
In short, you may be what you please
    Wi' gude Braid Claith.

For tho' ye had as wise a snout on
As Shakespeare or Sir Isaac Newton,
Your judgment folk would hae a doubt on,
    I'll tak my aith,
Till they cou'd see ye wi' a suit on
    O' gude Braid Claith.

ELEGY ON THE DEATH OF
SCOTS MUSIC

Mark it, Cæsario; it is old and plain,
The spinsters and the knitter in the sun,
And the free maids that weave their thread with bones,
Do use to chant it.

SHAKESPEARE'S TWELFTH NIGHT.

ON Scotia's plains, in days of yore,
When lads and lasses tartan wore,
Saft Music rang on ilka shore,
   In namely weid;
But Harmony is now no more,
   And Music dead.

Round her the feather'd choir would wing,
Sae bonnily she wont to sing,
And sleely wake the sleeping string,
   Their sang to lead,
Sweet as the zephyrs o' the Spring;
   But now she's dead.

Mourn, ilka nymph and ilka swain,
Ilk sunny hill and dowie glen;
Let weeping streams and Naiads drain
   Their fountain head;
Let Echo swell the dolefu' strain,
   Sin' Music's dead.

Whan the saft vernal breezes ca',
The grey-hair'd Winter fogs awa',
Naebody than is heard to blaw,
   Near hill or mead,
On chaunter, or on aiten straw,
   Sin' Music's dead.

Nae lasses now, on summer days,
Will lilt at bleachin' o' their claes;
Nae herds on Yarrow's bonny braes,
        Or banks o' Tweed,
Delight to chant their hamely lays,
        Sin' Music's dead.

At glomin' now the bagpipe's dumb,
Whan weary owsen hameward come;
Sae sweetly as it wont to bum,
        An' pibrachs skreed;
We never hear its warlike hum;
        For Music's dead.

Macgibbon's gane! ah! waes my heart!
The man in Music maist expert,
Wha could sweet melody impart,
        An' tune the reed,
Wi' sic a slee an' pawky art;
        But now he's dead.

Ilk carline now may grunt an' grane,
Ilk bonny lassie mak great mane,
Sin' he's awa', I trow there's nane
        Can fill his stead;
The blythest sangster on the plain!
        Alack he's dead!

Now foreign sonnets bear the gree,
An' crabbit queer variety
O' sounds fresh sprung frae Italy,
        A bastard breed!
Unlike that saft-tongu'd Melody
        Whilk now lies dead.

Could lavrocks, at the dawnin' day,
Could linties, chirmin' frae the spray,
Or todlin' burns that smoothly play
                    Owr gowden bed,
Compare wi' Birks o' Invermay?
                    But now they're dead.

O Scotland! that could ance afford
To bang the pith o' Roman sword,
Winna your sons, wi' joint accord,
                    To battle speed,
And fight till Music be restor'd,
                    Whilk now lies dead?

HALLOW FAIR

At Hallowmas, whan nights grow lang,
    And starnies shine fu' clear,
Whan fock, the nippin cauld to bang,
    Their winter hapwarms wear;
Near Edinburgh a fair there hads,
    I wat there's nane whase name is,
For strappin dames and sturdy lads,
    And cap and stoup, mair famous
            Than it that day.

Upo' the tap o' ilka lum
    The sun began to keek,
And bade the trig-made maidens come
    A sightly joe to seek
At Hallow-fair, whare browsters rare
    Keep gude ale on the gantries,
And dinna scrimp ye o' a skair
    O' kebbucks frae their pantries
            Fu' saut that day.

Here kintry John in bannet blue,
    An' eke his Sunday's claes on,
Rins after Meg wi' rokelay new,
    An' sappy kisses lays on;
She'll tauntin say, Ye silly coof!
    Be o' your gab mair sparin;
He'll tak the hint, and criesh her loof
    Wi' what will buy her fairin,
            To chow that day.

Here chapmen billies tak their stand,
    An' shaw their bonny wallies;
Wow, but they lie fu' gleg aff hand

To trick the silly fallows;
Heh, Sirs! what cairds and tinklers come,
　An' ne'er-do-weel horse coupers,
An' spae-wives fenzying to be dumb,
　Wi' a siclike landloupers,
　　　　　　　To thrive that day.

Here Sawny cries frae Aberdeen,
　"Come ye to me fa need;
"The brawest shanks that e'er were seen
　"I'll sell ye cheap an' guid.
"I wyt they are as protty hose
　"As come frae weyer or leem:
"Here tak a rug, an' shaw's your pose;
　"Forseeth my ain's but teem
　　　　　　"An' light the day."

Ye wives, as ye gang thro' the fair,
　O mak your bargains hooly!
O' a' thir wylie lowns beware,
　Or, fegs, they will ye spulzie.
For fairn-year Meg Thamson got,
　Frae thir mischievous villains,
A sca'd bit o' a penny note,
　That lost a score o' shillins
　　　　　To her that day.

The dinlin' drums alarm our ears,
　The serjeant screechs fu' loud,
"A' gentlemen and volunteers
　"That wish your country gude,
"Come here to me, and I sail gie
　"Twa guineas an' a crown,
"A' bowl o' punch that like the sea
　"Will soum a lang dragoon
　　　　　Wi' ease this day."

Without the cuissers prance and nicher,
    An' o'er the ley-rig scud;
In tents the carles bend the bicker,
    An' rant an' roar like wud.
Than there's sic yellowchin and din,
    Wi' wives and wee-anes gablin,
That ane might trow they were a-kin
    To a' the tongues at Babylon,
                Confus'd that day.

Whan Phœbus ligs in Thetis' lap,
    Auld Reikie gies them shelter,
Whare cadgily they kiss the cap,
    An' ca't round helter-skelter.
Jock Bell gaed furth to play his freaks,
    Great cause he had to rue it,
For frae a stark Lochaber aix
    He gat a clamihewit,
                Fu' sair that night.

"Ohon!" quo'he, "I'd rather be
    "By sword or bagnet stickit,
"Than hae my crown or body wi'
    "Sic deadly weapons nickit."
Wi' that he gat anither straik
    Mair weighty than before,
That gar'd his feckless body aik,
    An' spew the riekin gore,
                Fu' red that night.

He peching on the cawsey lay,
    O' kicks and cuffs well sair'd;
A Highland aith the sergeant gae,
    "She maun pe see our guard."
Out spak the weirlike corporal,
    "Pring in ta drucken sot."
They trail'd him ben, an' by my saul,

He paid his drucken groat
For that neist day

Gude folk as ye come frae the fair,
    Bide yont frae this black squad;
There's nae sic savages elsewhere
    Allow'd to wear cockade.
Than the strong lion's hungry maw,
    Or tusk o' Russian bear,
Frae their wanruly fellin paw
    Mair cause ye hae to fear
        Your death that day.

A wee soup drink does unco weel
    To had the heart aboon;
It's gude as lang's a canny chiel
    Can stand steeve in his shoon,
But gin a birkie's owr weel saird,
    It gars him aften stammer
To pleys that bring him to the guard,
    An' eke the Council-chaumir,
        Wi' shame that day.

ODE TO THE BEE

HERDS, blythsome tune your canty reeds,
An' welcome to the gowany meads
The pride o' a' the insect thrang,
A stranger to the green sae lang;
Unfald ilk buss an' ilka brier,
The bounties o' the gleesome year,
To him whase voice delights the spring,
Whase soughs the saftest slumbers bring.

  The trees in simmer-cleething drest,
The hillocks in their greenest vest,
The bravest flow'rs rejoic'd we see,
Disclose their sweets, and ca' on thee,
Blythely to skim on wanton wing,
Thro' a' the fairy haunts o' spring.

  Whan fields hae gat their dewy gift,
An' dawnin breaks upon the lift,
Then gang your wa's thro' hight and how,
Seek caller haugh or sunny know,
Or ivy'd craig, or burn-bank brae,
Whare Industry shall bid you gae,
For hiney, or for waxen store,
To ding sad poortith frae the door.
Cou'd feckless creature, Man, be wise,
The simmer o' his life to prize,
In winter he might fend fu' bauld,
His eild unkend to nippin cauld,
Yet thir, alas! are antrin folk
That lade their scape wi' winter stock.
Auld age maist feckly glowrs right dour
Upo' the ailings o' the poor,
Wha hope for nae comforting, save
That dowie dismal house the grave.
Then feeble Man, be wise, tak tent

How Industry can fetch content:
Behad the bees whare'er they wing,
Or thro' the bonny bowers o' spring,
Whare vi'lets or whare roses blaw,
An' siller dew-draps nightly fa',
Or whan on open bent they're seen,
On heather hill or thristle green;
The hiney's still as sweet that flows
Frae thistle cauld, or kendling rose.

Frae this the human race may learn
Reflection's hiney'd draps to earn,
Whether they tramp life's thorny way,
Or thro' the sunny vineyard stray.

Instructive bee! attend me still,
Ow'r a' my labours sey your skill:
For thee shall hiney-suckles rise,
Wi' lading to your busy thighs,
An' ilka shrub surround my cell,
Whareon ye like to hum an' dwell:
My trees in bourachs ow'r my ground
Shall fend ye frae ilk blast o' wind:
Nor e'er shall herd, wi' ruthless spike,
Delve out the treasures frae your bike;
But in my fence be safe, an' free
To live, an' work, an' sing like me.

Like thee, by Fancy wing'd, the Muse
Scuds ear' an' heartsome ow'r the dews,
Fu' vogie, an' fu' blythe to crap
The winsome flow'rs frae Nature's lap,
Twining her living garlands there,
That lyart Time can ne'er impair.

ON SEEING A BUTTERFLY IN
THE STREET

DAFT gowk, in macaroni dress
Are ye come here to shaw your face,
Bowden wi' pride o' simmer gloss,
To cast a dash at Reikie's cross;
An glowr at mony a twa-legg'd creature,
Flees, braw by art, tho' worms by nature?
   Like country laird in city cleeding,
Ye're come to town to lear' good breeding;
To bring ilk darling toast an' fashion
In vogue among the flee creation,
That they, like buskit belles an' beaus,
May crook their mu' fu' sour at those
Whase weird is still to creep, alas!
Unnotic'd 'mang the humble grass;
While ye, wi' wings new buskit trim,
Can far frae yird an' reptiles skim;
New fangle grown wi' new got form,
You soar aboon your mither worm.
   Kind Nature lent but for a day
Her wings to mak ye sprush an' gay;
In her habuliments a while
Ye may your former sell beguile,
An' ding awa' the vexing thought
O' hourly dwyning into nought,
By beenging to your foppish brither's,
Black corbies dress'd in peacocks' feathers;
Like thee they dander here an' there,
Whan simmer's blinks are warm an' fair,
An' loo to snuff the healthy balm
Whan e'ening spreads her wing sae calm;
But whan she grins an' glowrs sae dow'r

Frae Borean houff in angry show'r,
Like thee they scour frae street or field,
An' hap them in a lyther bield;
For they were never made to dree
The adverse gloom o' Fortune's eie,
Not ever pried life's pining woes,
Nor pu'd the prickles wi' the rose.

Poor Butterfly! thy case I mourn,
To green kail-yard and fruits return:
How could you troke the mavis' note
For "penny pies all-piping hot?"
Can lintie's music be compar'd
Wi' gruntles frae the City Guard?
Or can our flow'rs at ten hours bell
The gowan or the spink excell?

Now shou'd our sclates wi' hailstanes ring,
What cabbage-fauld wad screen your wing;
Say, fluttering fairy; wer't thy hap
To light beneath braw Nanny's cap,
Wad she, proud butterfly of May,
In pity lat you skaithless stay?
The furies glancing frae her een
Wad rug your wings o' siller sheen,
That, wae for thee! far, far outvy
Her Paris artist's finest dye;
Then a your bonny spraings wad fall,
An' you a worm be left to crawl.

To sic mishanter rins the laird
Wha quats his ha'-house and kail-yard,
Grows politician, scours to court,
Whare he's the laughing stock and sport
O' Ministers, wha jeer an' jibe,
An' heeze his hopes wi' thought o' bribe,
Till in the end they flae him bare,
Leave him to poortith, and to care.
Their fleetchin words ow'r late he sees,
He trudges hame, repines, and dies.

Sic be their fa' wha dirk thir ben
In blackest business nae their ain;
An' may they scad their lips fu' leal,
That dip their spoons in ither's kail.

ODE TO THE GOWDSPINK

FRAE fields where Spring her sweets has blawn
Wi' caller verdure our the lawn,
The Gowdspink comes in new attire,
The brawest 'mang the whistling choir,
That, ere the sun can clear his een,
Wi' glib notes sane the simmer's green.
  Sure Nature herried mony a tree,
For spraings and bonny spats to thee:
Nae mair the rainbow can impart
Sic glowing ferlies o' her art,
Whase pencil wrought its freaks at will
On thee, the sey-piece o' her skill.
Nae mair thro' straths in simmer dight
We seek the rose to bless our sight;
Or bid the bonny wa'-flowers sprout
On yonder Ruin's lofty snout.
Thy shining garments far outstrip
The cherries upo' Hebe's lip,
And fool the tints that Nature chose
To busk an' paint the crimson rose.
  'Mang men, wae's-heart! we aften find
The brawest drest want peace o' mind,
While he that gangs wi' ragged coat
Is weel contentit wi' his lot.
Whan wand wi glewy birdlime's set,
To steel far aff your dautit mate,
Blyth wad ye change your cleething gay
In lieu of lavrock's sober gray.
In vain thro' woods you sair may ban
The envious treachery of man,
That wi' your gowden glister ta'en,
Still haunts you on the simmer's plain,
And traps you 'mang the sudden fa's

O' winter's dreery dreepin' snaws.
Now steekit frae the gowany field,
Frae ilka fav'rite houff and bield,
But mergh, alas! to disengage
Your bonny buik frae fettering cage,
Your free-born bosom beats in vain
For darling liberty again.
In window hung, how aft we see
Thee keek around at warblers free,
That carol saft, and sweetly sing
Wi' a' the blythness o' the spring?
Like Tantalus they hing you here
To spy the glories o' the year;
And tho' you're at the burnie's brink,
They douna suffer you to drink.
Ah, Liberty! thou bonny dame,
How wildly wanton is the stream,
Round whilk the birdies a' rejoice,
An' hail you wi' a gratefu' voice.
The Gowdspink chatters joyous here,
And courts wi' gleesome sangs his peer:
The Mavis frae the new-bloom'd thorn
Begins his lauds at earest morn;
And herd lowns loupin o'er the grass
Needs far less fleetching till his lass,
Than paughty damsels bred at courts
Wha thraw their mou's, and take the dorts;
But, reft of thee, fient flee we care
For a' that life ahint can spare.
The Gowdspink, that sae lang has kend
The happy sweets (his wonted friend),
Her sad confinement ill can brook
In some dark chaumer's dowy nook;
Tho' Mary's hand his nebb supplies,
Unkend to hunger's painfu' cries,
Ev'n beauty canna cheer the heart
Frae life, frae liberty apart;

For now we tyne its wonted lay,
Sae lightsome sweet, sae blythly gay.
   Thus Fortune aft a curse can gie,
To wyle us far frae liberty;
Then tent her syren smiles wha list,
I'll ne'er envy your girnel's grist;
For whan fair Freedom smiles nae mair,
Care I for life? Shame fa' the hair;
A field o'ergrown wi' rankest stubble,
The essence o' a paltry bubble.

CALLER WATER

WHAN father Adie first pat spade in
The bonny yard o' ancient Eden,
His army had nae liquor laid in
    To fire his mou',
Nor did he thole his wife's upbraidin
    For being fou.

A caller burn o' siller sheen,
Ran cannily out owr the green,
And whan our gutcher's drouth had been
    To bide right sair,
He loutit down and drank bedeen
    A dainty skair.

His bairns had a' before the flood
A langer tak o' flesh an blood,
And on mair pithy shanks they stood
    Than Noah's line,
Wha still hae been a feckless brood
    Wi' drinking wine.

The fudlin Bardies now-a-days
Rin maukin-mad in Bacchus' praise,
And limp and stoiter thro' their lays
    Anacreontic,
While ilk his sea of wine displays
    As big's the Pontic.

My Muse will nae gae far frae hame,
Or scour a' airths to hound for fame;
In troth the jillet ye might blame
    For thinking on't,
Whan aithly she can find the theme
    Of *aqua font*.

This is the name that doctors use
Their patients noddles to confuse;
Wi' simples clad in terms abstruse,
                    They labour still,
In kittle words to gar ye roose
                    Their want o' skill.

But we'll hae nae sick clitter-clatter,
And briefly to expound the matter,
It shall be ca'd guid Caller Water,
                    Than whilk I trow,
Few drugs in doctor's shops are better
                    For me or you.

Tho' joints be stiff as ony rung,
Your pith wi' pain be sairly dung,
Be you in Caller Water flung
                    Out o'er the lugs,
'Twill mak ye suple, swack and young,
                    Withouten drugs.

Tho' cholic or the heart-scad teaze us,
Or any inward dwaam should seize us,
It masters a' sic fell diseases,
                    That would ye spulzie,
And brings them to a canny crisis
                    Wi' little tulzie.

Wer't na for it the bonny lasses
Wou'd glow'r nae mair in keeking glasses,
And soon tine dint o' a' the graces
                    That aft conveen
In gleefu' looks and bonny faces,
                    To catch our een.

The fairest than might die a maid,
And Cupid quit his shooting trade,
For wha thro' clarty masquerade
        Could then discover,
Whether the features under shade
        Were worth a lover?

As simmer rains bring simmer flow'rs,
And leaves to cleed the birken bow'rs,
Sae beauty gets by caller show'rs
        Sae rich a bloom,
As for estate, or heavy dowers,
        Aft stands in room.

What maks Auld Reekie's dames sae fair?
It cannot be the halesome air,
But caller burn beyond compare,
        The best o' ony,
That gars them a' sic graces skair,
        And blink sae bonny

On May-day, in a fairy ring.
We've seen them round St Anthon's spring,
Frae grass the caller dew-draps wring
        To weet their ein,
And water clear as crystal spring,
        To synd them clean.

O may they still pursue the way,
To look sae feat, sae clean, sae gay!
Then shall their beauties glance like May,
        And, like her, be
The Goddess of the vocal spray,
        The Muse and me.

THE SITTING OF THE SESSION

PHOEBUS, sair cow'd wi' simmer's hight
Cours near the yird wi' blinking light;
Cauld shaw the haughs, nae mair bedight
        Wi' simmer's claes,
They heeze the heart o' dowy wight
        That thro' them gaes.

Weel loes me o' you, business, now;
For ye'll weet mony a droughty mou'
That's lang a eisning gane for you,
        Withouten fill
O' dribbles frae the gude brown cow,
        Or Highland gill,

The Court o' Session, well wat I,
Pits ilk chield's whittle i' the pye,
Can criesh the slaw-gaun wheels whan dry
        Till Session's done,
Tho' they'll gie mony a cheep and cry
        Or twalt o' June.

Ye benders a', that dwall in joot,
You'll tak your liquor clean cap out,
Synd your mouse-webs wi' reaming stout,
        While ye hae cash,
And gar your cares a' tak the rout,
        An' thumb ne'er fash.

Rob Gibb's grey gizz, new frizzl'd fine,
Will white as ony snaw-ba' shine;
Weel does he loe the lawen coin
        Whan dossied down,
For whisky gills or dribs o' wine
        In cauld forenoon.

Bar-keepers now, at outer-dore,
Tak tent as folk gang back and fore;
The fient ane there but pays his score,
                    Nane wins toll-free,
Tho' ye've a cause the house before,
                    Or agent be.

Gin ony here wi' canker knocks,
And has na lous'd his siller pocks,
Ye need na think to fleetch or cox;
                    "Come shaw's your gear
"Ae scabbit yew spills twenty flocks,
                    "Ye's nae be here."

Now at the door they'll raise a plea;
Crack on, my lads! — for flyting's free;
For gin you should tongue-taket be,
                    The mair's the pity,
When scalding but and ben we see
                    Pendente lite.

The Lawyers' skelfs, and Printers' presses
Grain unco sair wi' weighty cases;
The clark in toil his pleasure places,
                    To thrive bedeen;
At five-hour's bell scribes shaw their faces,
                    And rake their een.

The country folk to lawyers crook
"Ah! weels me on your bonny buik!
"The benmost part o' my kist nook
                    "I'll ripe for thee,
"And willing ware my hindmost rook
                    "For my decree."

But law's a draw-well unco deep.
Withouten rim folk out to keep;
A donnart cheel, whan drunk, may dreep
               Fu' sleely in,
But finds the gate baith stay an' steep,
               Ere out he win.

THE RISING OF THE SESSION

To a' men living be it kend,
The Session now is at an end:
Writers, your finger-nebbs unbend,
        And quat the pen,
Till Time wi' lyart pow shall send
        Blythe June again.

Tir'd o' the law and a' it's phrases,
The wylie writers, rich as Crœsus,
Hurl frae the town in hackney chaises
        For country cheer:
The powney that in spring-time grazes,
        Thrives a' the year.

Ye lawyers, bid farewel to lies,
Farewel to din, farewel to fees,
The canny hours o' rest may please,
        Instead o' siller;
Hain'd multer hads the mill at ease,
        And finds the miller.

Blythe they may be wha wanton play
In Fortune's bonny blinkin ray,
Fu' weel can they ding dool away
        Wi' comrades couthy,
And never dree a hungert day,
        Or e'ening drouthy.

Ohon! the day for him that's laid
In dowie poortith's caldrife shade,
Aiblins ow'r honest for his trade,
        He racks his wits,
How he may get his buik weel clad,
        And fill his guts.

The farmers sons, as yap as sparrows,
Are glad, I trow, to flee the barras,
And whistle to the plow and harrows
   At barley seed:
What writer wadna gang as far as
    He cou'd for bread?

After their yokin, I wat weel
They'll stoo the kebbuck to the heel
Eith can the plough-stilts gar a chiel
   Be unco vogie,
Clean to lick aff his crowdy-meal,
    And scart his cogie.

Now mony a fallow's dung adrift
To a' the blast beneath the lift,
And tho' their stamack's aft in tift
   In vacance-time,
Yet seenil do they ken the rift
    O' stappit wame.

Now gin a notar shou'd be wanted,
You'll find the pillars gayly planted;
For little thing protests are granted
   Upo' a bill,
And weightiest matters covenanted
   For half a gill.

Nae body taks a morning dribb
O' Holland gin frae Robin Gibb;
And tho' a dram to Rob's mair sib
   Than is his wife,
He maun tak time to daut his rib,
    Till siller's rife.

This vacance is a heavy doom
On Indian Peter's coffee-room,
For a' his china pigs are toom;
        Nor do we see
In wine the sucker biskets soom
        As light's a flee.

But stop, my Muse, nor mak a mane,
Pate disna fend on that alane;
He can fell twa dogs wi' ae bane,
        While ither fock
Maun rest themselves content wi' ane,
        Nor farer trock.

Ye change-house keepers never grumble,
Tho' you a while your bickers whumble,
Be unco patientfu' and humble,
        Nor mak a din,
Tho' gude joot binna kent to rumble
        Your wame within.

You needna grudge to draw your breath
For little mair than half a reath,
Than, gin we a' be spar'd frae death,
        We'll gladly prie
Fresh noggans o' your reaming graith
        Wi' blythsome glee.

LEITH RACES

In July month, ae bonny morn,
    Whan Nature's rokelay green
Was spread o'er ilka rigg o' corn
    To charm our roving een;
Glouring about I saw a quean,
    The fairest 'neath the lift;
Her een were o' the siller sheen,
    Her skin like snawy drift,
                    Sae white that day.

Quoth she, "I ferly unco sair,
    "That ye sud musand gae,
"Ye wha hae sung o' Hallow-fair,
    "Her winter pranks and plays;
"Whan on Leith-sands the racers rare,
    "Wi' jockey louns are met,
"Their orro pennies there to ware,
    "And drown themsel's in debt
                    "Fu' deep that day."

An wha are ye my winsome dear,
    That takes the gate sae early?
Whare do ye win, gin ane may spear,
    For I right meikle ferly,
That sic braw buskit laughing lass
    Thir bonny blinks shou'd gie,
An' loup like Hebe o'er the grass,
    As wanton and as free
                    Frae dule this day?

"I dwall among the caller springs
    "That weet the Land o' Cakes,
"And aften tune my canty strings

"At bridals and late-wakes.
"They ca' me MIRTH; I ne'er was kend
    "To grumble or look sour,
"But blythe wad be a lift to lend,
    "Gin ye wad sey my pow'r
                An' pith this day."

A bargain be't, and, by my fegs,
    Gif ye will be my mate,
Wi' you I'll screw the cherry pegs;
    Ye shanna find me blate;
We'll reel and ramble through the sands,
    An' jeer wi' a' we meet;
Nor hip the daft and gleesome bands
    That fill Edina's street
                Sae thrang this day.

Ere servant maids had wont to rise
    To seeth the breakfast kettle,
Ilk dame her brawest ribbons tries,
    To put her on her mettle,
Wi' wiles some silly chiel to trap
    (An' troth he's fain to get her,)
But she'll craw kniefly in his crap,
    Whan, wow! he canna flit her
                Frae hame that day.

Now mony a sca'd and bare-ars'd lown
    Rise early to their wark,
Eneugh to fley a muckle town,
    Wi' dinsome squeel an' bark:
"Here is the true and faithfu' list
    "O' noblemen an' horses;
"Their eild, their weight, their height, their
        grist,
    "That rin for plates or purses
                "Fu' fleet this day."

To whisky plooks that brunt for wooks
　　On town-guard soldiers' faces,
Their barber bauld his whittle crooks
　　An' scrapes them for the races:
Their stumps erst us'd to filipegs,
　　Are dight in spatterdashes,
Whase barkent hides scarce fend their legs
　　Frae weet an' weary plashes
　　　　　　　O' dirt that day.

"Come, hafe a care (the Captain cries),
　　"On guns your bagnets thraw;
"Now mind your manual exercise,
　　"And marsh down raw by raw.
And as they march he'll glowr about
　　Tent a' their cuts and scars
'Mang them fell mony a gausy snout
　　Has gusht in birth-day wars,
　　　　　　　Wi' blude that day.

Her nanesel maun be carefu' now,
　　Nor maun she be misleard,
Sin baxter lads hae seal'd a vow
　　To skelp an' clout the guard;
I'm sure Auld Reikie kens o' nane.
　　That would be sorry at it,
Tho' they should dearly pay the kane,
　　An' get their tails weel sautit
　　　　　　　An' sair thir days.

The tinkler billies i' the Bow
　　Are now less eident clinking,
As langs their pith or siller dow,
　　They're daffin and they're drinking.
Bedown Leith-walk what bourochs reel
　　O' ilka trade and station,

That gar their wives an' childer feel
   Toom wames for their libation
           O' drink thir days.

The browster wives thegither harl
   A' trash that they can fa' on;
They rake the grunds o' ilka barrel,
   To profit by the lawen:
For weel wat they a skin leal het
   For drinking needs nae hire;
At drumly gear they tak nae pet;
   Foul water slockens fire,
           And druth thir days.

They say ill ale has been the deid
   O' mony a beirdly lown;
Then dinna gape like gleds wi' greed
   To sweel hail bickers down;
Gin Lord send mony ane the morn,
   They'll ban fu' sair the time
That e'er they toutit aff the horn,
   Which wambles thro' their wame
           Wi' pain that day.

The Buchan bodies thro' the beech
   Their bunch o' Findrums cry,
An' skirl out baul', in Norland speech,
   "Guid speldings fa' will buy?"
An', by my saul, they're nae wrang gear
   To gust a stirrah's mow;
Weel staw'd wi' them he'll never spear
   The price o' being fu'
           Wi' drink that day.

Now wyly wights at rowly powl,
   An' flingan' o' the dice,
Here break the banes o' mony a soul

W' fa's upo' the ice;
At first the gate seems fair an' straught
  Sae they had fairly till her;
But wow! in spite o' a' their maught,
  They're rookit o' their siller
                An' gowd that day.

Around where'er you fling your een,
  The haiks like wind are scourin';
Some chaises honest folk contain,
  An' some hae mony a whore in;
Wi' rose and lilly, red and white,
  They gie themselves sic fit airs,
Like Dian they will seem perfite;
  But it's nae gowd that glitters
                Wi' them thir days.

The lion here wi' open paw,
  May cleek in mony hunder,
Wha geck at Scotland and her law,
  His wyly talons under;
For ken, tho' Jamie's laws are auld,
  (Thanks to the wise recorder!)
His lion yet roars loud and bauld,
  To had the whigs in order
                Sae prime this day.

To town-guard drum, of clangour clear,
  Baith men and steeds are raingit;
Some liv'ries red or yellow wear,
  And some are tartan spraingit;
And now the red, the blue e'en-now,
  Bids fairest for the market;
But, ere the sport be done, I trow
  Their skins are gayly yarkit
                And peel'd thir days.

Siclike in Pantheon debates.
    Whan twa chiels hae a pingle;
E'en now some coulie gets his aits,
    An' dirt wi' words they mingle;
Till up loups he wi' diction fu',
    There's lang and dreech contesting;
For now they're near the point in view,
    Now ten miles frae the question
                In hand that night.

The races o'er, they hale the dools
    Wi' drink o' a' kin-kind;
Great feck gae hirpling hame like fools,
    The cripple lead the blind.
May ne'er the canker o' the drink
    E'er mak our spirits thrawart,
'Case we git wharewitha' to wink
    Wi' een as blue's a blawart
                Wi' straiks thir days!

THE FARMER'S INGLE

Et multo in primis hilarans convivia Baccho,
Ante focum, si firigus erit.   VIRG. BUC.

WHAN gloming grey out o'er the welkin keeks,
   When Batie ca's his owsen to the byre,
Whan Thrasher John, sair dung, his barn-dore
     steeks,
   And lusty lasses at the dighting tire:
What bangs fu'leal the e'enings coming cauld,
   And gars snaw-tapit winter freeze in vain;
Gars dowie mortals look baith blythe and
     bauld,
   Nor fley'd wi' a' the poortith o' the plain;
   Begin, my Muse, and chantin hamely strain.

Frae the big stack, weel winnow't on the hill,
   Wi' divets theekit frae the weet and drift,
Sods, peats, and heath'ry trufs the chimley fill,
   And gar their thick'ning smeek salute the
     lift;
The gudeman, new come hame, is blythe to
     find,
   Whan he out o'er the halland flings his een,
That ilka turn is handled to his mind,
   That a' his housie looks sae cosh and clean;
   For cleanly house loes he, tho' e'er sae
     mean.

Weel kens the gudewife that the pleughs re-
     quire
   A heartsome meltith, and refreshing synd
O' nappy liquor, o'er a bleezing fire:
   Sair wark and poortith douna weel be join'd.
Wi' butter'd bannocks now the girdle reeks:

I' the far nook the bowie briskly reams;
The readied kail stands by the chimley cheeks,
    And had the riggin het wi' welcome streams;
    Whilk than the daintiest kitchen nicer
      seems,

Frae this lat gentler gabs a lesson lear;
    Wad they to labouring lend an eident hand.
They'd rax fell strang upo' the simplest fare,
    Nor find their stamacks ever at a stand.
Fu' hale and healthy wad they pass the day,
    At night in calmest slumbers dose fu' sound,
Nor doctor need their weery life to spae,
    Nor drugs their noddlè and their sense con-
      found,
    Till death slip sleely on, and gie the hind-
      most wound.

On sicken food as mony a doughty deed
    By Caledonia's ancestors been done;
By this did mony a wight fu' weirlike bleed
    In brulzies frae the dawn to set o' sun;
'Twas this that brae'd their gardies, stiff an'
      strang,
    That bent the deidly yew in ancient days,
Laid Denmark's daring sons on yird alang,
    Gar'd Scottish thristles bang the Roman
      bays:
    For near our crest their heads the doughtna
      raise.

The couthy cracks begin whan supper's o'er,
    The cheering bicker gars them glibly gash
O' simmer's showery blinks and winter's sour,
    Whase floods did erst their mailin's pro-
      duce hash.
'Bout kirk an' market eke their tales gae on,

How Jock woo'd Jenny here to be his
bride,
And there how Marion, for a bastart son,
Upo' the cutty-stool was forc'd to ride,
The waefu' scald o' our Mess John to bide.

The fient a chiep's amang the barnies now,
For a' their anger's wi' their hunger gane:
Ay maun the childer, wi' a fastin' mou',
Grumble and greet, and make an unco
mane.
In rangels round before the ingle's low,
Fra Gudame's mouth auld warld tale they
hear,
O' warlocks louping round the wirrikow,
O' gaists that win in glen and kirk-yard drear,
Whilk touzles a' their tap, and gars them
shak wi' fear.

For weel she trows that fiends and fairies be
Sent frae the de'il to fleetch us to our ill;
That ky hae tint their milk wi' evil eie,
And corn been scowder'd on the glowing
kill.
O mock nae this, my friends! but rather mourn,
Ye in life's brawest spring wi' reason clear,
Wi' eild our idle fancies a' return,
And dim our dolefu' days wi' bairnly fear;
The mind's ay cradled when the grave is
near.

Yet thrift, industrious, bides her latest days,
Tho' age her sair dow'd front wi' runkles
wave,
Yet frae the russet lap the spindle plays,
Her e'ening stent reels she as weel's the lave.
On some feast-day, the wee-things buskit braw

Shall heeze up her heart wi' a silent joy,
Fu' cadgie that her head was up and saw
   Her ain spun cleething on a darling oy,
   Careless tho' death should mak the feast her
      foy.

In its auld lerroch yet the deas remains,
   Whare the gudeman aft streeks him at his
      ease,
A warm and canny lean for weary banes
   O' lab'rers doil'd upon the wintry leas:
Round him will badrins and the colly come,
   To wag their tail, and cast a thankfu' eie
To him wha kindly flings them mony a crum
   O' kebbock whang'd, and dainty fadge to
      prie;
   This a' the boon they crave, and a' the fee.

Frae him the lads their morning council tak,
   What stacks he wants to thrash, what rigs to
      till;
How big a birn maun lie on bassie's back,
   For meal and multure to the thirling mill.
Neist the gudewife her hireling damsels bids
   Glour thro' the byre, and see the hawkies
      bound,
Tak tent case crummy tak her wonted tids,
   And ca' the laiglen's treasure on the ground,
   Whilk spills a kebbock nice, or yellow
      pound.

Then a' the house for sleep begins to grien,
   Their joints to slack frae industry a while;
The leaden god fa's heavy on their een,
   And hafflins steek them frae their daily
      toil:
The cruizy too can only blink and bleer,

The restit ingle's done the maist it dow;
Tacksman and cottar eke to bed maun steer,
  Upo' the cod to clear their drumly pow,
  Till waken'd by the dawning's ruddy glow.

Peace to the husbandman and a' his tribe,
  Whase care fells a' our wants frae year to
      year!
Lang may his sock and couter turn the glybe!
  And bauks o' corn bend down wi' laded
      ear!
May Scotia's simmers ay look gay and green,
  Her yellow har'st frae scowry blasts decreed!
May a' her tenants sit fu' snug and bein,
  Frae the hard grips a' ails and poortith freed,
  And a lang lasting train o' peaceful hours
      succeed!

THE ELECTION

Nunc est bibendum, et bendere BICKERUM magnum:
Cavete TOWN-GUARDUM, D——l G—dd—m—atque
  C—pb——m.

REJOICE, ye burghers, ane an' a',
  Lang look't for's come at last;
Sair war your backs held to the wa'
  Wi' poortith an' wi' fast:
Now ye may clap your wings an' craw,
  And gayly busk ilk' feather,
For deacon cocks hae pass'd a law
  To rax an' weet your leather
          Wi' drink thir days.

Haste Epps, quo' John, and bring my gizz!
  Tak tent ye dinna't spulzie;
Last night the barber gae't a frizz,
  An' straiket it wi' ulzie.
Hae done your paritch, lassie Lizz,
  Gie me my sark an' gravat,
I'se be as braw's the deacon is
  Whan he taks affidavit
          O' faith the day.

Whare's Johnny gaun, cries neebour Bess,
  That he's sae gayly bodin,
Wi' new kaim'd wig, weel syndet face,
  Silk hose, for hamely hodin?
"Our Johnny's nae sma' drink you'll guess,
  "He's trig as ony muir-cock,
"An' forth to mak a deacon, lass;
  "He downa speak to poor folk
          "Like us the day."

The coat ben-by i' the kist-nook,
    That's been this towmouth swarmin,
Is brought yence mair thereout to look,
    To fleg awa the vermin;
Menzies o' moths an' flaes are shook,
    An' i' the floor they howder,
Till in a birn beneath the crook
    They're singet wi' a scowder
                To death that day.

The canty cobler quats his sta',
    His rozet an' his lingans;
His buik has dreed a sair, sair fa'
    Frae meals o' bread an' ingans:
Now he's a pow o' wit an' law,
    An' taunts at soals an' heels;
To Walker's he can rin awa,
    There whang his creams an' jeels
                Wi' life that day.

The lads in order tak their seat,
    (The de'il may clay the clungest!)
They stegh an' connoch sae the meat,
    Their teeth mak mair than tongue haste
Their claes sae cleanly tight an' feat,
    An' eke their craw-black beavers,
Like masters mows hae found the gate
    To tassels teugh wi' slavers
                Fu' lang that day.

The dinner done, for brandy strang
    They cry to weet their thrapple,
To gar the stamack bide the bang,
    Nor wi' its ladin' grapple.
The grace is said — its nane o'er lang
    The claret reams in bells;

Quo' Deacon let the toast round gang,
  "Come here's our noble sel's
            "Weel met the day."

Weels me o'drink quo' Cooper Will,
  My barrel has been geyz'd ay,
An' has na gotten sic a fill
  Sin' fu' on Hansel Teysday;
But makes-na, now it's got a sweel,
  Ae gird I shanna cast lad,
Or else I wish the horned de'il
  May Will wi' kittle cast dad
            To h—ll the day.

The magistrates fu' wyly are,
  Their lamps are gayly blinkin,
But they might as lieve burn elsewhare,
  Whan fock's blind fu' wi' drinkin.
Our Deacon wadna ca' a chair,
  The foul ane durst him na-say;
He took shanks-naig, but fient may care!
  He arslins kiss'd the causey
            Wi' bir that night.

Weel loes me o' you, souter Jock,
  For tricks ye buit be trying,
Whan greapin for his ain bed-stock,
  He fa's whare Will's wife's lying:
Will coming hame wi' ither folk,
  He saw Jock there before him;
Wi' maister laiglen, like a brock,
  He did wi' stink maist smore him
            Fu' strang that night.

Then wi' a souple leathern whang
  He gart them fidge and girn ay,
"Faith, chiel, ye's nae for naething gang,

"Gin ye maun reel my pirny."
Syne wi' a muckle alshin lang
    He brogit Maggie's hurdies;
An' cause he thought her i' the wrang,
    There pass'd nae bonny wordies
                        'Tween them that night.

Now, had some laird his lady fand
    In sic unseemly courses,
It might hae loos'd the haly band,
    Wi' law-suits an' divorces:
But the neist day they a' shook hands,
    And ilka crack did sowder,
While Meg for drink her apron pawns,
    For a' the gude-man cow'd her
                        Whan fu' last night.

Glowr round the cawsey, up an' down,
    What mobbing and what plotting!
Here politicians bribe a lown
    Against his saul for voting.
The gowd that inlakes half a crown
    Thir blades lug out to try them,
They pouch the gowd, nor fash the town
    For weights an' scales to weigh them
                        Exact that day.

Then Deacons at the counsel stent
    To get themsel's presentit:
For tow months twa their saul is lent,
    For the town's gude indentit:
Lang's their debating thereanent,
    About protests they're bauthrin;
While Sandy Fife, to mak content,
    On bells plays, *Clout the Caudron*,
                        To them that day.

Ye lowns that troke in doctor's stuff,
    You'll now hae unco slaisters;
Whan windy blaws their stamacks puff,
    They'll need baith pills and plaisters;
For tho' e'en-now they look right bluff,
    Sic drinks, ere hillocks meet,
Will hap some deacons in a truff,
    Inrow'd in the lang leet
                O' death yon night.

TO THE TRON KIRK BELL

WANWORDY, crazy, dinsome thing,
As e'er was fram'd to jow or ring,
What gar'd them sic in steeple hing
        They ken themsel',
But weel wat I they coudna bring
        War sounds frae hell.

What de'il are ye? that I should bann,
You're neither kin to pat nor pan;
Nor ugly pig, nor maister cann,
        But weel may gie
Mair pleasure to the ear o' man
        Than stroke o' thee.

Fleece merchants may look baul' I trow,
Sin' a' Auld Reekie's childer now
Maun stap their lugs wi' teats o' woo,
        Thy sound to bang,
And keep it frae gawn thro' and thro'
        Wi' jarrin' twang.

Your noisy tongue, there's nae abidin't,
Like scaulding wife's, there is nae guidin't:
Whan I'm 'bout ony bis'ness eident,
        It's sair to thole:
To deave me, than, ye tak a pride in't
        Wi' senseless knoll.

O! were I provost o' the town,
I swear by a' the pow'rs aboon,
I'd bring ye wi' a reesle down;
        Nor shou'd you think
(Sae sair I'd crack an' dour your crown)
        Again to clink.

For whan I've toom'd the meikle cap,
And fain wad fa' ow'r in a nap,
Troth I cou'd doze as soun's a tap,
            Wer't na for thee
That gies the tither weary chap
            To wauken me.

I dream't ae night I saw Auld Nick;
Quo' he, "This bell o' mine's a trick,
"A wyly piece o' politic,
            "A cunnin snare
"To trap fock in a cloven stick,
            "Ere they're aware.

"As lang's my dautit bell hings there,
"A' body at the kirk will skair;
"Quo' they, gif he that preaches there
            "Like it can wound,
"We douna care a single hair
            "For joyfu' sound."

If magistrates wi' me wud 'gree,
For ay tongue-tackit shou'd ye be,
Nor fleg wi' anti-melody
            Sic honest folk,
Whase lugs were never made to dree
            Thy doolfu' shock.

But far frae thee the bailies dwell,
Or they wou'd scunner at your knell:
Gie the foul thief his riven bell,
            And than, I trow,
The by-word hads, "The de'il himsel'
            "Has got his due."

MUTUAL COMPLAINT OF PLAINSTANES AND CAUSEY

IN THEIR MOTHER-TONGUE

S<small>IN</small>' Merlin laid Auld Reikie's causey,
And made her o' his wark right saucy,
The spacious street and plainstanes
Were never kend to crack but anes,
Whilk happened on the hinder night,
Whan[2] Fraser's uly tint its light;
O' highland sentries nane were waukin,
To hear their cronies glibly taukin;
For them this wonder might hae rotten,
And, like night robb'ry, been forgotten,
Had na a cadie, wi' his lanthron
Been gleg enough to hear them bant'rin,
Wha came to me neist morning early,
To gie me tidings o' this ferly.
   Ye taunting lowns, trow this nae joke,
For anes the ass of Balaam spoke,
Better than lawyers do, forsooth,
For it spake naething but the truth!
Whether they follow its example,
You'll ken best whan you hear the sample.
   Plainstanes. My friend, thir hunder years and
      mair,
We've been forfoughen late and air,
In sunshine, and in weety weather,
Our thrawert lot we bure thegither.
I never growl'd, but was content
Whan ilk an had an equal stent,
But now to flyte I'se e'en be bauld,

---

[2] The Contractor for the lamps.

Whan I'm wi' sic a grievance thrall'd.
How haps it, say, that mealy bakers,
Hair-kaimers, crieshy gizy-makers,
Shou'd a' get leave to waste their powders
Upo' my beaux and ladies shoulders?
My travellers are fley'd to deid
Wi' creels wanchancy, heap'd wi' bread,
Frae whilk hing down uncanny nicksticks,
That aften gie the maidens sic licks,
As mak them blythe to skreen their faces
Wi' hats and muckle maun bon-graces,
And cheat the lads that fain wad see
The glances o' a pauky ee,
O gie their loves a wylie wink,
That erst might lend their hearts a clink!
Speak, was I made to dree the ladin
O' Gallic chairman heavy treadin,
Wha in my tender buke bore holes
Wi' waefu' tackets i' the soals
O' broggs, whilk on my body tramp,
And wound like death at ilka clamp?
    Causey. Weil crackit, friend — It aft hads true,
Wi' naething folk make maist ado:
Weel ken ye, tho' you doughtna tell,
I pay the sairest kain my sell;
Owr me ilk day big waggons rumble,
And a' my fabric birze and jumble;
Ow'r me the muckle horses gallop,
Eneugh to rug my very saul up;
And coachmen never trow they're sinning,
While down the street their wheels are spin-
    ning.
Like thee, do I not bide the brunt
O' Highland chairman's heavy dunt?
Yet I hae never thought o' breathing
Complaint, or making din for naething.
    Plainstanes. Had sae, and let me get a

word in,
Your back's best fitted for the burden;
And I can eithly tell you why,
Ye're doughtier by far than I;
For whin-stanes howkit frae the craigs,
May thole the prancing feet o' naigs,
Nor ever fear uncanny hotches
Frae clumsy carts or hackney coaches,
While I, a weak an' feckless creature,
Am moulded by a safter nature.
Wi' mason's chissel dighted neat,
To gar me look baith clean and feat,
I scarce can bear a sairer thump
Than come frae sole o' shoe or pump,
I grant, indeed, that now and than,
Yield to a patten's pith I maun;
But pattens, tho' they're aften plenty,
Are ay laid down wi' feet fu' tenty,
And strokes frae ladies though they're teazing,
I freely maun avow are pleasing.

For what use was I made, I wonder?
It was na tamely to chap under
The weight o' ilka codroch chiel,
That does my skin to targets peel;
But gin I guess aright my trade is
To fend frae skaith the bonny ladies,
To keep the bairnies free frae harms
Whan airing i' their nurses arms,
To be a safe an' canny bield
For growing youth or drooping eild.

Tak them frae me the heavy load
O' burden-bearers heavy shod,
Or, by my troth, the gude auld town sall
Hae this affair before the council.

Causey. I dinna care a single jot,
Tho' summon'd by a shelly-coat;
Sae leally I'll propone defences,

As get ye flung for my expences;
Your libel I'll impugn *verbatim*,
And hae a *magnum damnum datum*;
For tho' frae Arthur's Seat I sprang,
And am in constitution strang,
Wad it na fret the hardest stane
Beneath the Luckenbooths to grane?
Tho' magistrates the cross discard,
It makes na whan they leave the guard!
A lumbersome and stinkin bigging,
That rides the sairest on my rigging.
Poor me ow'r meikle do ye blame,
For tradesmen tramping on your wame,
Yet a' your advocates and braw fock,
Come still to me 'twixt ane and twa 'clock,
And never yet were kent to range
At Charlie's statue or Exchange.
Then tak your beaux and macaronies,
Gie me trades-folk and country Johnies;
The de'il's in't gin ye dinna sign
Your sentiments conjunct wi' mine.
    Plainstanes. Gin we twa cou'd be as auld-
        farrant,
As gar the council gie a warrant,
Ilk lown rebellious to tak,
Wha walks not i' the proper track,
And o' three shillings Scottish souk him,
Or in the water-hole sair douk him,
This might assist the poor's collection,
And gie baith parties satisfaction.
    Causey. But first, I think it will be good
To bring it to the Robinhood,[3]
Whare we sail hae the question stated,
And keen and crabitly debated,
Whether the provost and the bailies,

---

[3] Now called the Pantheon.

For the town's gude whase daily toil is,
Shou'd listen to our joint petitions,
And see obtemper'd the conditions.
    Plainstanes. Content am I — But east the
       gate is
The Sun, wha taks his leave o' Thetis,
And come's to waken honest folk,
That gang to wark at sax o'clock;
It sets us to be dumb a while,
And let our words gie place to toil.

A DRINK ECLOGUE

LANDLADY, BRANDY, AND WHISKY

ON auld worm-eaten skelf, in cellar dunk,
Whare hearty benders synd their drouthy
    trunk,
Twa chappin bottles, pang'd wi' liquor fu',
Brandy the tane, the tither Whisky blue,
Grew canker'd; for the twa were het within,
And' het-skin'd folk to flyting soon begin;
The Frenchman fizz'd, and first wad fit the field,
While paughty Scotsman scorn'd to beenge or
    yield.
   Brandy. Black be your fa! ye cottar loun
    mislear'd,
Blawn by the Porters, Chairman, City-Guard;
Hae ye na breeding, that you cock your nose
Against my sweetly gusted cordial dose.
I've been near pauky courts, and aften there
Hae ca'd hystericks frae the dowy fair;
And courtiers aft gaed greening for my smack,
To gar them bauldly glour, and gashly crack.
The priest, to bang mishanters black and cares,
Has sought me in his closet for his prayers.
What tig then takes the fates, that they can thole
Thrawart to fix me i' this weary hole,
Sair fash'd wi' din, wi' darkness, and wi' stinks,
Whare cherry day-light thro' the mirk ne'er
    blinks.
   Whisky. But ye maun be content, and
    maunna rue,
Tho' erst ye've bizz'd in bonny madam's mou';
Wi' thoughts like thae your heart may sairly
    dunt,

The warld's now change, its nae like use and
     wont;
For here, wae's me! there's nouther lord nor
     laird
Come to get heartscad frae their stamack
     skair'd;
Nae mair your courtier louns will shaw their face,
For they glour eiry at a friend's disgrace;
But heeze your heart up — Whan at court you
     hear
The patriot's thrapple wat wi' reaming beer;
Whan chairman, weary wi' his daily gain,
Can synd his whistle wi' the clear champaign;
Be hopefu', for the time will soon row round.
Whan you'll nae langer dwall beneath the
     ground.
   Brandy. Wanwordy gowk! did I sae aften
     shine
Wi' gowden glister thro' the chrystal fine,
To thole your taunts, the seenil hae been seen
Awa frae luggie, quegh, or truncher treein;
Gif honour wad but lat, a challenge shou'd
Twine ye o' Highland tongue and Highland
     blude;
Wi' cairds like thee I scorn to file my thumb,
For gentle spirits gentle breeding doom.
   Whisky. Truly I think it right you get your
     alms,
Your high heart humbled among common
     drams:
Braw days for you, whan fools, newfangle fain,
Like ither countries better than their ain;
For there ye never saw sic chancy days,
Sic ball, assemblies, operas, or plays;
Hame-o'er langsyne you hae been blythe to
     pack
Your a' upon a sarkless soldier's back;

For you thir lads, as weel-lear'd trav'llers tell,
Had sell'd their sarks, gin sarks they'd had to
    sell.
  But worth gets poortith an' black burning
      shame,
To daunt and drivel out a life at hame.
Alake! the by-word's ow'r weel kent throughout;
"Prophets at hame are held in nae repute;"
Sae fair'st wi' me, tho' I can heat the skin,
And set the saul upo' a mirry pin,
Yet I am hameil, there's the sour mischance!
I'm na frae Turkey, Italy, or France;
For now our gentles gabs are grown sae nice
At thee they toot, an' never spear my price:
Witness — for thee they height their tenants
      rent,
And fill their lands wi' poortith, discontent;
Gar them o'er seas for cheaper mailins hunt,
An' leave their ain as bare's the Cairn-o-mount.
    Bran. Tho' lairds tak toothfu's o' my wam-
        ring sap,
This dwines not tenants gear, nor cows their
        crap;
For love to you there's mony a tenant gaes
Bare-ars'd and barefoot o'er the Highland
        braes:
For you nae mair the thrifty gudewife sees
Her lasses kirn, or birze the dainty cheese;
Crummie nae mair for Jenny's hand will crune,
Wi' milkness dreeping frae her teats adown:
For you ow'r ear' the ox his fate partakes,
And fa's a victim to the bluidy aix.
    Whisky. Wha is't that gars the greedy banker
        prieve
The maiden's tocher, but the maiden's leave:
By you when spulzied o' her charming pose,
She tholes in turn the taunt o' cauldrife joes;

Wi' skelps like this folk sit but seenil down
To wether-gammon or howtowdy brown;
Sair dung wi' dule, and fley'd for coming debt,
They gar their mou'-bits wi' their incomes met,
Content enough gif they hae wherewithal
Scrimply to tack their body and their saul.

   Brandy. Frae some poor poet, o'er as poor a
      pot,
Ye've lear'd to crack sae crouse, ye haveril Scot,
Or burgher politician, that embrues
His tongue in thee, and reads the claiking news;
But waes heart for you! that for ay maun dwell
In poet's garret, or in chairman's cell,
While I shall yet on bein-clad tables stand,
Bouden wi' a' the daintiths o' the land.

   Whisky. Troth I hae been ere now the poet's
      flame,
And heez'd his sangs to mony blythsome
      theme,
Wha was't gar'd Allie's chaunter chirm fu'
      clear,
Life to the saul, and music to the ear?
Nae stream but kens, and can repeat the lay
To shepherds streekit on the simmer-brae,
Wha to their whistle wi' the lav'rock bang,
To wauken flocks the rural fields amang.

   Bran. But here's the browsters-wife, and
      she can tell
Wha's win the day, and wha shou'd wear the
      bell;
Hae done your din, an' let her judgement join
In final verdict 'twixt your plea and mine.

   Landlady. In days o' yore I cou'd my living
      prize,
Nor fash'd wi' dolefu' gaugers or excise;
But now-a-days we're blyth to lear the thrift
Our heads 'boon licence and excise to lift;

Inlakes o' Brandy we can soon supply
By Whisky tinctur'd wi' the saffron's dye.
   Will you your breeding threep, ye mongrel
      loun!
Frae hame-bred liquor dy'd to colour brown?
So flunky braw, whan drest in maister's claise,
Struts to Auld Reikie's cross on sunny days,
Till some auld comrade, aiblins out o' place,
Near the vain up-start shaws his meagre face;
Bumbaz'd he loups frae sight, and jooks his ken,
Fley'd to be seen among the tassel'd train.

To the Principal and Professors of the University of St Andrews, on their Superb Treat to Dr Samuel Johnson

ST Andrews town may look right gawsy,
Nae grass will grow upo' her causey,
Nor wa'-flow'r o' a yellow dye,
Glour dowy o'er her ruin's high,
Sin' Sammy's head weel pang'd wi' lear
Has seen the *Alma Mater* there:
Regents, my winsome billy boys!
'Bout him ye've made an unco noise;
Nae doubt for him your bells wad clink
To find him upon Eden's brink,
An' a' things nicely set in order,
Wad keep him on the Fifan border:
I'se warrant now, frae France an' Spain,
Baith cooks an' scullions mony ane
Wad gar the pats an kettle's tingle
Around the college kitchen ingle,
To fleg frae a' your craigs the roup,
Wi' reeking het an' creeshy soup;
And snails and puddocks mony hunder
Wad beeking lie the hearth-stane under,
Wi' roast and boil'd, an a' kin kind,
To heat the body, cool the mind.

But hear, my lads! gin I'd been there,
How I'd hae trimm'd the bill o' fare!
For ne'er sic surly wight as he
Had met wi' sic respect frae me.
Mind ye what Sam, the lying loun!
Has in his dictionar laid down!
That aits in England are a feast,
To cow and horse, an' sicken beast,
While in Scots ground this growth was common

To gust the gab o' man an' woman.

    Tak tent ye Regents! then an' hear
My list o' gudely hamil gear,
Sic as hae aften rax'd the wame
O' blyther fallows mony time,
Mair hardy, souple, steeve, an' swank
Than ever stood on Sammy's shank.

    Imprimis, then, a haggis fat,
Weel tottl'd in a seything pat,
Wi' spice an' ingans weel ca'd thro',
Had help'd to gust the stirrah's mow,
An plac'd itsell in truncher clean
Before the gilpy's glowrin een.

    Secundo, then, a gude sheep's head,
Whase hide was singit, never flead,
And four black trotters clad wi' grisle,
Bedown his throat had learn'd to hirsle.
What think ye neist, O gude fat brose,
To clag his ribs? a dainty dose!
And white and bloody puddins routh,
To gar the Doctor skirl o' drouth!
Whan he cou'd never houp to merit
A cordial glass o' reaming claret,
But thraw his nose, and brize and pegh
O'er the contents o' sma' ale quegh;
Then let his wisdom girn an' snarl
O'er a weel-tostit girdle farl,
An' learn, that, maugre o' his wame,
Ill bairns are ay best heard at hame,

    Drummond, lang syne, o' Hawthornden,
The wyliest an' best o' men,
Has gien you dishes ane or mae,
That wad hae gar'd his grinders play,
Not to roast beef, auld England's life;
But to the auld East Nook of Fife,[4]
Whare Craillian crafts cou'd weel hae gi'en

---

[4] Alluding to two tunes under these titles.

Scate rumples to hae clear'd his een;
Than neist, whan Sammy's heart was faintin,
He'd lang'd for scate to make him wanton.
　　Ah! willawin's for Scotland now,
Whan she maun stap ilk birky's mow
Wi' eistacks, grown as 'tware in pet
In foreign land, or green-house het,
Whan cog o' brose an' cutty spoon
Is a' our cottar childer's boon,
Wha thro' the week, till Sunday's speal,
Toil for pease-clods an' gude lang kail.
Devall then, Sirs, and never send
For daintiths to regale a friend,
Or, like a torch at baith ends burning,
Your house'll soon grow mirk and mourning
[5]What's this I hear some cynic say!
Robin, ye loun! it's nae fair play;
Is there nak ither subject rife
To clap your thumb upo' but Fife?
Gie o'er, young man, you'll meet your corning,
Than caption war, or charge o' horning;
Some canker'd, surly, sour-mou'd carline
Bred near the abbey of Dumfarline,
Your shoulders yet may gie a lounder,
An' be of verse the mal-confounder.
　　Come on, ye blades! but ere ye tulzie,
Or hack our flesh wi' sword or gulzie,
Ne'er shaw your teeth, nor look like stink,
Nor o'er an' empty bicker blink;
What weets the wizen an' the wame
Will mend your prose, and heal my rhyme.

---

[5] Our author here alludes to a misunderstanding he had with a
gentleman, a native of Dunfermline, who took a miss the concluding
reflection in the Expedition to Fife so much, that he sent him a
challenge, but which our author treated with great contempt.

ELEGY

On John Hogg, late Porter to the University of
St Andrews

DEATH, what's ado? the de'il belicket,
Or wi' your stang you ne'er had pricket,
Or our auld *Alma Mater* tricket,
        O' poor John Hogg,
And trail'd him ben thro' your mark wicket
        As dead's a log.

Now ilka glaikit scholar loun
May dander wae wi' duddy gown;
Kate Kennedy[6] to dowy crune
        May mourn and clink,
And steeples o' St Andrews town
        To yird may sink.

Sin' Pauly Tam,[7] wi' canker'd snout,
First held the students in about,
To wear their claes as black as soot,
        They ne'er had reason,
Till Death John's haffit gae a clout
        Sae out o' season.

Whan regents met at common schools,
He taught auld Tam to hale the dules,
And eident to row right the bowls,
        Like ony emmack;
He kept us a' within the rules
        Strict academic.

---

[6] A bell in the College steeple.
[7] A name given by the students, at that time, to one of the members of the University.

Heh! wha will tell the students now
To meet the Pauly cheek for chow,
Whan he, like frightsome wirrikow,
   Had wont to rail,
And set our stamacks in a low,
    Or we turn'd tail.

Ah, Johnny! aften did I grumble
Frae cozy bed fu' ear' to tumble,
Whan art and part I'd been in some ill,
   Troth I was swear;
His words they brodit like a wumil
    Frae ear to ear.

Whan I had been fu' laith to rise,
John that begude to moralize:
"The tither nap, the sluggard cries,
    "And turns him round,
"Sae spake auld Solomon the wise,
    "Divine profound!"

Nae dominie, or wise Mess John,
Was better lear'd in Solomon;
He cited proverbs one by one
    Ilk voice to tame:
He gar'd ilk sinner sigh an' groan,
    And fear hell's flame.

"I hae nae meikle skill, quo' he,
"In what you ca' philosophy;
"It tells that baith the earth and sea
    "Rin round about;
"Either the Bible tells a lie,
    "Or ye're a' out.

"It's i' the Psalms o' David writ,
"That this wide warld ne'er should flit,
"But on the waters coshly sit
    "Fu' steeve and lasting:
"An' was na he a head o' wit
    "At sic contesting!"

On e'enings cauld wi' glee we'd trudge
To heat our shins in Johnny's lodge;
The de'il ane thought his bum to budge
    Wi' siller on us:
To claw het pints we'd never grudge.
    O' *molatoinis*.

Say, ye red gowns! that aften here
Hae toasted cakes to Katie's beer,
Gin e'er thir days hae had their peer,
    Sae blythe, sae daft!
You'll ne'er again in life's career
    Sit ha'f sae saft.

Wi' haffit locks sae smooth and sleek,
John look'd like ony ancient Greek;
He was a Naz'rene a' the week,
    And doughtna tell out,
A bawbee Scots to scrape his cheek
    Till Sunday fell out,

For John ay loo'd to turn the pence,
Thought poortith was a great offence:
"What recks tho' ye ken mood and tense?
    "A hungry wame
"For gowd wad wi' them baith dispense
    "At ony time.

"Ye ken what ails maun ay befal
"The chiel that will be prodigal;
"Whan wasted to the very spaul
                    "He turns his tusk,
"For want o' comfort to his saul
                    "O' hungry husk."

Ye royit louns! just do as he'd do;
For mony braw green shaw an' meadow
He's left to cheer his dowy widow,
                    His winsome Kate,
That to him prov'd a canny she-dow,
                    Baith air and late.

THE GHAISTS

A Kirk-yard Eclogue

Did you not say in good Ann's day
And vow and did protest, Sir,
That when HANOVER should come o'er
We surely should be blest, Sir?
An auld Sang made new again.

WHARE the braid planes in dowy murmurs wave
Their ancient taps out o'er the cauld-cauld
    grave,
Whare Geordie Girdwood,[8] mony a lang spun
    day,
Houkit for gentlest banes the humblest clay,
Twa sheeted ghaists, sae grizly and sae wan,
'Mang lanely tombs their douff discourse began.
Watson. Cauld blaws the nippin north wi'
    angry sough,
And showers his hailstanes frae the Castle
    Cleugh
O'er the Grayfriars, whare, at mirkest hour,
Bogles and spectres wont to tak their tour,
Harlin' the pows and shanks to hidden cairns,
Amang the hamlocks wild and sun-burnt
    fearns:
But nane the night, save you and I, hae come
Frae the dreer mansions o' the midnight tomb.
Now whan the dawning's near, whan cock
    maun craw,
And wi' his angry bougil gar's withdraw,
Ayont the kirk we'll stap, and there tak bield,
While the black hours our nightly freedom
    yield.

---

[8] The late Sexton.

Herriot. I'm weel content; but binna cassen
    down,
Nor trow the cock will ca' ye hame o'er soon,
For tho' the eastern lift betakens day,
Changing her rokelay black for mantle grey,
Nae weirlike bird our knell of parting rings,
Nor sheds the caller moisture frae his wings.
Nature has chang'd her course; the birds o'
    day
Dozen in silence on the bending spray,
While owlets round the craigs at noon-tide
    flee,
And bludy hawks sit singan on the tree.
Ah, Caledon! the land I yence held dear,
Sair mane mak I for thy destruction near;
And thou, Edina! anes my dear abode,
Whan royal Jamie sway'd the sovereign rod,
In thae blest days, weel did I think bestow'd
To blaw thy poortith by wi' heaps o' gowd;
To mak thee sonsy seem wi' mony a gift,
And gar thy stately turrets speel the lift:
In vain did Danish Jones, wi' gimcrack pains,
In Gothic sculpture fret the pliant stanes:
In vain did he affix my statue here,
Brawly to busk wi' flow'rs ilk coming year;
My tow'rs are sunk, my lands are barren now,
My fame, my honour, like my flow'rs, maun
    dow.
    Watson. Sure Major Weir, or some sic war-
    lock wight,
Has flung beguilin' glamour o'er your sight;
Or else some kittle cantrip thrown, I ween,
Has bound in mirlygoes my ain twa een,
If ever aught frae sense cou'd be believ'd
(And seenil hae my senses been deceiv'd)
This moment, o'er the tap o' Adam's tomb,
Fu' easy can I see your chiefest dome:

Nae corbie fleein' there, nor croupin' craws,
Seem to forspeak the ruin o' thy haws,
But a' your tow'rs in wonted order stand,
Steeve as the rocks that hem our native land.
    Herriot. Think na I vent my well-a-day in
      vain,
Kent ye the cause, ye sure wad join my mane.
Black be the day that e'er to England's ground
Scotland was eikit by the Union's bond;
For mony a menzie o' destructive ills
The country now maun brook frae mortmain-
      bills,
That void our test'ments, and can freely gie
Sic will and scoup to the ordain'd trustee,
That he may tir our stateliest riggins bare,
Nor acres, houses, woods, nor fishins spare,
Till he can lend the stoitering state a lift
Wi' gowd in gowpins as a grassum gift;
In lieu o' whilk, we maun be well content
To tyne the capital for three per cent.
A doughty sum indeed, whan now-a-days
They raise provisions as the stents they raise,
Yoke hard the poor, and lat the rich chiels be,
Pamper'd at ease by ither's industry
Hale interest for my fund can scantly now
Cleed a' my callants backs, and stap their
      mou':
How maun their wames wi' sairest hunger slack,
Their duds in targets flaff upo' their back,
Whan they are doom'd to keep a lasting Lent,
Starving for England's weel at three per cent!
    Watson. Auld Reikie than may bless the
      gowden times,
Whan honesty and poortith baith are crimes:
She little kend, whan you and I endow'd
Our hospitals for back-gaun burghers gude,
That e'er our siller or our lands shou'd bring

A gude bien living to a back-gaun king:
Wha, thanks to Ministry! is grown say wise,
He downa chew the bitter cud of vice;
For gin, frae Castlehill to Netherbow,
Wad honest houses bawdy-houses grow,
The Crown wad never speer the price o' sin,
Nor hinder younkers to the de'il to rin!
But gif some mortal green for pious fame,
And leave the poor man's pray'r to sain his
    name,
His gear maun a' be scatter'd by the claws
O' ruthless, ravenous, and harpy laws.
Yet, shou'd I think, altho' the bill tak place,
The Council winna lack sae meikle grace,
As lat our heritage at wanworth gang,
Or the succeeding generations wrang
O' braw bien maintenance and wealth o' lear,
Whilk else had drappit to their children's skair;
For mony a deep, and mony a rare engine
Hae sprung frae Herriot's wark, and sprung
    frae mine.
   Herriot. I find, my friend, that ye but little
    ken,
There's e'en now on the earth a set o' men,
Wha, if they get their private pouches lin'd,
Gie nae a winnelstrae for a' mankind;
They'll sell their country, flae their conscience
    bare,
To gar the weigh-bauk turn a single hair.
The Government need only bait the line
Wi' the prevailing flee, the gowden coin;
Than our executors, and wise trustees,
Will sell them fishes in forbidden seas,
Upo' their dwining country girn in sport,
Laugh i' their sleeve, and get a place at court.
   Wats. Ere that day come, I'll 'mang our
    spirits pick

Some ghaist that trokes and conjures wi' Auld
    Nick,
To gar the wind wi' rugher rumbles blaw,
And weightier thuds than ever mortal saw:
Fire-flaught and hail, wi' tenfauld fury's fires,
Shall lay yerd-laigh Edina's airy spires:
Tweed shall rin rowtin' down his banks out o'er,
Till Scotland's out o' reach o' England's pow'r;
Upo' the briny Borean jaws to float,
And mourn in dowy saughs her dowy lot.
    Herriot. Yonder's the tomb o' wise Mac-
      kenzie fam'd,
Whase laws rebellious bigotry reclaim'd,
Freed the hale land o' covenanting fools,
Wha erst hae fash'd us wi' unnumber'd dools;
Till night we'll tak the swaird aboon our pows,
And than, whan she her ebon chariot rows,
We'll travel to the vaut wi' stealing stap,
And wauk Mackenzie frae his quiet nap;
Tell him our ails, that he, wi' wonted skill,
May fleg the schemers o' the mortmain bill.

[The preceding poem was written about the
time a bill was in agitation for vesting the whole
funds of Hospitals, and other Charities throughout
the kingdom, in government stock at three per
cent.]

TO MY AULD BREEKS

Now gae your wa's — Tho' anes as gude
As ever happit flesh and blude,
Yet part we maun — The case sae hard is,
Amang the writers and the bardies,
That lang they'll brook the auld I trow,
Or neighbours cry, "Weel brook the new."
Still making tight wi' tither steek,
The tither hole, the tither eik,
To bang the birr o' winter's anger
And had the hurdles out o' langer.

　　Siclike some weary wight will fill
His kyte wi' drogs frae doctor's bill,
Thinking to tack the tither year
To life, and look baith hail an fier,
Till at the lang-run Death dirks in,
To birze his saul ayont his skin.

　　You needna wag your duds o' clouts.
Nor fa' into your dorty pouts,
To think that erst you've hain'd my tail
Frae wind and weet, frae snaw and hail,
And for reward, whan bauld and hummil,
Frae garret high to dree a tumble.
For you I car'd, as lang's ye dow'd
Be lin'd wi' siller or wi' gowd:
Now to befriend, it wad be folly,
Your raggit hide and pouches holey;
For wha but kens a poet's placks
Get mony weary flaws an' cracks,
And canna thole to hae them tint,
As he sae seenil sees the mint?
Yet round the warld keek and see,
That ithers fare as ill as thee;
For weel we loe the chiel we think

Can get us tick, or gie us drink,
Till o' his purse we've seen the bottom,
Than we despise, and hae forgot him.
Yet gratefu' hearts, to make amends,
Will ay be sorry for their friends,
And I for thee — As mony a time
Wi' you I've speel'd the braes o' rhime,
Whare for the time the Muse ne'er cares
For siller, or sic guilefu' wares,
Wi' whilk we drumly grow, and crabbit,
Dour, capernoited, thrawin gabbit,
And brither, sister, friend and fae,
Without remeid o' kindred, slae.

    You've seen me round the bickers reel
Wi' heart as hale as temper'd steel,
And face sae apen, free and blyth,
Nor thought that sorrow there cou'd kyth;
But the neist moment this was lost,
Like gowan in December's frost.

    Cou'd prick-the-louse but be sae handy
As mak the breeks and claise to stand ay,
Thro' thick and thin wi' you I'd dash on,
Nor mind the folly o' the fashion:
But, hegh! the times' *vicissitudo*
Gars ither breeks decay as you do.
The macaronies, braw and windy,
Maun fail — *Sic transit gloria mundi!*

    Now speed you to some maiden's chaumer,
That butt an' ben rings dule an' clamour,
Ask her, in kindness, if she seeks
In hidling ways to wear the breeks?
Safe you may dwall, tho' mould and motty,
Beneath the veil o' under coatie,
For this mair fauts nor your's can screen
Frae lover's quickest sense, his een.

    Or gif some bard, in lucky times,
Shou'd profit meikle by his rhimes,

And pace awa', wi' smirky face,
In siller or in gowden lace,
Glowr in his face, like spectre gaunt,
Remind him o' his former want,
To cow his daffin and his pleasure,
And gar him live within the measure.
    So, Philip, it is said, who wou'd ring
O'er Macedon a just and gude king,
Fearing that power might plume his feather,
And bid him stretch beyond his tether,
Ilk morning to his lug wad ca'
A tiny servant o' his ha',
To tell him to improve his span,
For Philip was, like him, a Man.

AULD REIKIE

AULD Reikie, wale o' ilka town
That Scotland kens beneath the moon!
Whare couthy chiels at e'ening meet
Their bizzing craigs and mous to weet;
And blythly gar auld care gae by
Wi' blinkit and wi' bleering eye:
O'er lang frae thee the Muse has been
Sae frisky on the simmer's green,
Whan flowers and gowans wont to glent
In bonny blinks upo' the bent;
But now the leaves o' yellow dye,
Peel'd frae the branches, quickly fly;
And now frae nouther bush nor brier
The spreckl'd mavis greets your ear;
Nor bonny blackbird skims and roves
To seek his love in yonder groves.

Then Reikie, welcome! Thou canst charm
Unfleggit by the year's alarm;
Not Boreas, that sae snelly blows,
Dare here pap in his angry nose:
Thanks to our dads, whase biggin stands
A shelter to surrounding lands.

Now morn, wi' bonny purple smiles,
Kisses the air-cock o' St Giles;
Rakin their een, the servant lasses
Early begin their lies and clashes;
Ilk tells her friend o' saddest distress,
That still she brooks frae scawling mistress,
And wi' her joe in turnpike stair
She'd rather snuff the stinking air,
As be subjected to her tongue,
When justly censur'd i' the wrong.

On stair wi' tub, or pat in hand,

The barefoot housemaids loe to stand,
That antrin folk may ken how snell
Auld Reikie will at morning smell:
Then, with an inundation big as
The burn that 'neath the Nor' Loch brig is,
They kindly shower Edina's roses,
To quicken and regale our noses.
Now some for this, wi' satire's leesh,
Hae gi'en auld Edinbrough a creesh:
But without souring nocht is sweet;
The morning smells that hail our street,
Prepare and gently lead the way
To simmer canty, braw and gay:
Edina's sons mair eithly share
Her spices and her dainties rare,
Than he that's never yet been call'd
Aff frae his plaidie or his fauld.

   Now stair-head critics, senseless fools,
Censure their aim, and pride their rules,
In Luckenbooths wi' glouring eye,
Their neighbours sma'est fauts descry:
If ony loun shou'd dander there,
O' awkward gate and foreign air:
They trace his steps, till they can tell
His pedigree as weel's himsell.

   Whan Phœbus blinks wi' warmer ray,
And schools at noon-day get the play,
Then, bus'ness, weighty bus'ness, comes,
The trader glours; he doubts, he hums:
The lawyers eke to cross repair,
Their wings to shaw, and toss an air:
While busy agent closely plies,
And a' his kittle cases tries.

   Now night, that's cunzied chief for fun,
Is wi' her usual rites begun;
Thro' ilka gate the torches blaze,
And globes send out their blinkin rays.

The usefu' cadie plies in street,
To bide the profits o' his feet;
For by thir lads Auld Reikie's folk
Ken but a sample o' the stock
O' thieves, that nightly wad oppress,
And mak baith goods and gear the less.
Near him the lazy chairman stands,
And wats na how to turn his hands;
Till some daft birky, ranting fu',
Has matters somewhare else to do;
The chairman willing gi'es his light
To deeds o' darkness and o' night.

It's never saxpence for a lift
That gars thir lads wi' fu'ness rift;
For they wi' better gear are paid,
And whores and culls support their trade.

Near some lamp-post, wi' dowy face,
Wi' heavy een, and sour grimace,
Stands she that beauty lang had kend,
Whoredom her trade, and vice her end.
But see whare now she wins her bread
By that which Nature ne'er decreed;
And vicious ditties sings to please
Fell Dissipation's votaries.
Whane'er we reputation lose,
Fair chastity's transparent gloss!
Redemption seenil kens the name,
But a's black misery and shame.
Frae joyous tavern, reeling drunk,
Wi' fiery phiz, and een half sunk,
Behad the bruiser, fae to a'
That in the reek o' gardies fa'
Close by his side, a feckless race
O' macaronies shaw their face,
And think they're free frae skaith or harm,
While pith befriends their leader's arm:
Yet fearfu' aften o' their maught,

They quit the glory o' the faught
To this same warrior wha led
Thae heroes to bright honour's bed;
And aft the hack o' honour shines
In bruiser's face wi' broken lines
O' them sad tales he tells anon,
Whan ramble and whan fighting's done;
And, like Hectorian, ne'er impairs
The brag and glory o' his sairs.
Whan feet in dirty gutters plash,
And folk to wale their fitstaps fash;
At night the macaroni drunk,
In pools and gutters aftimes sunk:
Hegh! what a fright he now appears,
Whan he his corpse dejected rears!
Look at that head, and think if there
The pomet slaister'd up his hair!
Thecheeks observe, where now cou'd shine
The scansing glories o' carmine!
Ah, legs! in vain the silk-worm there
Display'd to view her eident care;
For stink, instead of perfumes, grow
And clarty odours fragrant flow.
    Now some to porter, some to punch,
Some to their wife, and some their wench,
Retire, while noisy ten-hours' drum
Gars a' your trades gae dand'ring home.
Now mony a club, jocose and free,
Gie a' to merriment and glee:
Wi' sang and glass, they fley the pow'r
O' care that wad harrass the hour:
For wine and Bacchus still bear down
Our thrawart fortune's wildest frown;
It maks you stark, and bauld, and brave,
E'en whan descending to the grave.
Now some, in Pandemonium's[9] shade,

---

[9] Two social clubs.

Resume the gormandizing trade;
Whare eager looks, and glancing een,
Forspeak a heart and stamack keen.
Gang on, my lads; it's lang sin syne
We kent auld Epicurus' line
Save you the board wad cease to rise,
Bedight with daintiths to the skies;
And salamanders cease to swill;
The comforts o' a burning gill.

But chief, O Cape![10] we crave thy aid,
To get our cares and poortith laid:
Sincerity, and genius true,
O' knights have never been the due:
Mirth, music, porter deepest dy'd,
Are never here to worth deny'd;
And health, o' happiness to the queen,
Blinks bonny, wi' her smile serene.

Tho' joy maist part Auld Reekie owns,
Eftsoons she kens sad sorrow's frowns;
What groupe is yon sae dismal, grim,
Wi' horrid aspect, deeding dim?
Says Death they're mine, a dowy crew,
To me they'll quickly pay their last adieu.

How come mankind, whan lacking woe,
In Saulie's face their hearts to show,
As if they were a clock to tell
That grief in them had rung her bell?
Then, what is man? why a' this phrase?
Life's spunk decay'd nae mair can blaze.
Let sober grief alane declare
Our fond anxiety and care;
Nor let the undertakers be
The only waefu' friends we see.

Come on, my Muse, and then rehearse
The gloomiest theme in a' your verse;

---

[10] Two social clubs.

In mornings when ane keeks about,
Fu' blythe and free ail, nae doubt
He lippens na to be misled
Amang the regions o' the dead:
But straight a painted corp he sees,
Lang streekit 'neath its canopies.
Soon, soon will this his mirth controul,
And send d————n to his soul:
Or whan the dead-dale (awfu' shape!)
Makes frighted mankind girn an' gape,
Reflection than his reason sours,
For the neist dead-dale may be ours.
When Sybil led the Trojan down
To haggard Pluto's dreary town,
Shapes war nor thae, I freely ween,
Cou'd never meet the soger's een.

   If kail sae green, or herbs, delight,
Edina's street attracts the sight;
Not Covent-garden, clad sae braw,
Mair fouth o' herbs can eithly shaw:
For mony a yard is here sair sought,
That kail and cabbage may be bought,
And healthfu' sallad to regale,
Whan pamper'd wi' a heavy meal.
Glowr up the street at simmer morn,
The birk sae green, and sweet-brier thorn,
Wi' spraingit flow'rs that scent the gale,
Ca' far awa the morning smell,
Wi' which our ladies' flow'r-pats fill'd,
And every noxious vapour kill'd.
O nature! canty, blythe and free,
Whare is there keeking-glass like thee?
Is there on earth that can compare
Wi' Mary's shape and Mary's air,
Save the empurpl'd speck that grows
In the saft faulds o' yonder rose?
How bonny seems the virgin breast,

Whan by the lilies here carest,
And leaves the mind in doubt to tell
Which maist in sweets and hue excel?
    Gillespie's snuff shou'd prime the nose
O' her that to the market goes,
If she wad like to shun the smells
That buoy up frae market cells;
Whare wames o' painches' sav'ry scent
To nostrils gie great discontent.
Now wha in Albion could expect
O' cleanliness sic great neglect?
Nae Hottentot that daily lairs
'Mang tripe and ither dirty wares,
Hath ever yet conceiv'd, or seen
Beyond the line, sic scenes unclean.
    On Sunday here, an alter'd scene
O' men and manners meets our een;
Ane wad maist trow some people chose
To change their faces wi' their clo'es,
And fain wad gar ilk neighbour think
They thirst for goodness as for drink;
But there's an unco dearth o' grace,
That has nae mansion but the face;
And never can obtain a part
In benmost corner o' the heart.
Why shou'd religion mak us sad,
If good frae Virtue's to be had?
Na, rather gleefu' turn your face;
Forsake hypocrisy, grimace;
And never hae it understood
You fleg mankind frae being good.
    In afternoon, a' brawly buskit,
The joes and lasses loe to frisk it:
Some tak a great delight to place
The modest bon-grace o'er the face
Tho' you may see, if so inclin'd,
The turning o' the leg behind.

Now Comely-garden, and the Park,
Refresh them, after forenoon's wark;
Newhaven, Leith, or Canon-mills,
Supply them in their Sunday's gills:
Whare writers aften spend their pence,
To stock their heads wi' drink an' sense.

   While dand'ring cits delight to stray
To Castlehill, or public way,
Whare they nae other purpose mean,
Than that foul cause o' being seen;
Let me to Arthur's Seat pursue,
Whare bonny pastures meet the view;
And mony a wild-lorn scene accrues,
Befitting Willie Shakespeare's muse:
If Fancy there would join the thrang,
The desert rocks and hills amang,
To echoes we should lilt and play,
And gie to Mirth the live-lang day.

   Or shou'd some canker'd biting show'r
The day and a' her sweets deflow'r,
To Holyrood-house let me stray,
And gie to musing a' the day;
Lamenting what auld Scotland knew
Bien days for ever frae her view:
O Hamilton, for shame! the Muse
Wad pay to thee her couthy vows
Gin ye wad tent the humble strain,
And gie's our dignity again:
For O, waes me! the thistle springs
In domicile o' ancient kings,
Without a patriot to regret
Our palace and our ancient state.

   Blest place whare debtors daily run,
To rid themsels frae jail and dun;
Here, tho' sequester'd frae the din
That rings Auld Reikie's wa's within,
Yet they may tread the sunny braes,

And brook Apollo's cheary rays;
Glowr frae St Anthon's graffy height,
O'er vales in simmer claise bedight,
Nor ever hing their head, I ween,
Wi' jealous fear o' being seen.
May I, whanever duns come nigh,
And shake my garret wi' their cry,
Scour here wi' haste, protection get,
To screen mysel' frae them and debt;
To breathe the bliss o' open sky,
And Simon Fraser's[11] bolts defy.

    Now gin a loun should hae his claise
In thread-bare autumn o' their days,
St Mary, broker's guardian saint,
Will satisfy ilk ail and want;
For mony a hungry writer there
Dives down at night wi' deeding bare,
And quickly rises to the view
A gentleman perfyte and new.
Ye rich folk, look na wi' disdain
Upo' this ancient brokage lane!
For naked poets are supply'd
With what you to their wants deny'd.

    Peace to thy shade, thou wale o' men,
Drummond! relief to poortith's pain:
To thee the greatest bliss we owe,
And tribute's tear shall grateful flow:
The sick are cur'd, the hungry fed,
And dreams o' comfort tend their bed.
As lang as Forth weets Lothian's shore,
As lang's on Fife her billows roar,
Sae lang shall ilk whase country's dear,
To thy remembrance gie a tear.
By thee Auld Reikie thrave and grew
Delightfu' to her childer's view:

---

[11] The late keeper of the Tolbooth.

Nae mair shall Glasgow striplins threep
Their city's beauty and its shape,
While our new city spreads around
Her bonny wings on fairy ground.
    But Provosts now that ne'er afford
The sma'est dignity to lord,
Ne'er care tho' ev'ry scheme gae wild
That Drummond's sacred hand has cull'd:
The spacious Brig^{12} neglected lies,
Tho' plagu'd wi' pamphlets, dunn'd wi' cries;
They heed not tho' destruction come
To gulp us in her gaunting womb.
O shame! that safety canna claim
Protection from a provost's name,
But hidden danger lies behind
To torture and to fleg the mind;
I may as weel bid Arthur's Seat
To Berwick-Law mak gleg retreat,
As think that either will or art
Shall get the gate to win their heart;
For politics are a' their mark,
Bribes latent, and corruption dark;
If they can eithly turn the pence,
Wi' city's good they will dispense;
Nor care tho' a' her sons were lair'd
Ten fathom i' the auld kirk-yard.
To sing yet meikle does remain,
Undecent for a modest strain;
And sin' the poet's daily bread is,
The favour o' the Muse or ladies,
He downa like to gie offence
To delicacy's bonny sense;
Therefore the stews remain unsung,
And bawds in silence drap their tongue.

---

[12] The author here alludes to the state of the North Bridge, after its fall.

Reikie, farewell! I ne'er cou'd part
Wi' thee but wi' a dowy heart;
Aft frae the Fifan coast I've seen
Thee tow'ring on thy summit green,
So glowr the saints when first is given
A fav'rite keek o' glore and heaven;
On earth nae mair they bend their een,
But quick assume angelic mien;
So I on Fife wad glowr no more,
But gallop'd to Edina's shore.

HAME CONTENT

A SATIRE

To all whom it may concern

SOME folk, like bees, fu' glegly rin
To bikes bang'd fu' o' strife and din,
And thieve and huddle crumb by crumb,
Till they have scrap'd the dautit plumb,
Then craw fell crously o' their wark,
Tell o'er their turners mark by mark,
Yet dare na think to lowse the pose,
To aid their neighbour's ails and woes.

  Gif gowd can fetter thus the heart,
And gar us act sae base a part,
Shall Man a niggard, near-gaun elf!
Rin to the tether's end for pelf;
Learn ilka cunzied scoundrel's trick,
Whan a's done sell his saul to Nick:
I trow they've coft the purchase dear,
That gang sic lengths for warldly gear.
Now when the Dog-day heats begin
To birsle and to peel the skin,
May I lie streekit at my ease,
Beneath the caller shady trees
(Far frae the din o' Borrowstown),
Whare water plays the haughs bedown;
To jouk the simmer's rigour there,
And breathe a while the caller air,
'Mang herds, an' honest cottar folk,
That till the farm an' feed the flock;
Careless o' mair, who never fash
To lade their kist wi' useless cash,
But thank the gods for what they've sent,
O' health eneugh, and blythe content,

An' pith that helps them to stravaig
Ow'r ilka cleugh an' ilka craig;
Unkend to a' the weary granes
That aft arise frae gentler banes,
On easy chair that pamper'd lie,
Wi' banefu' viands gustit high,
And turn an' fauld their weary clay,
To rax an' gaunt the live-lang day.

Ye sages tell, was man e'er made
To dree this hatefu' sluggard trade?
Steekit frae Nature's beauties a'
That daily on his presence ca';
At hame to girn, and whinge, and pine
For fav'rite dishes, fav'rite wine:
Come, then, shake aff thir sluggish ties,
And wi' the bird o' dawning rise!
On ilka bank the clouds hae spread
Wi' blobs o' dew a pearly bed;
Frae faulds nae mair the owsen rout,
But to the fatt'ning clover lout,
Whare they may feed at heart's content,
Unyokit frae their winter's stent.

Unyoke thee, man, an' binna swear
To ding a hole in ill-hain'd gear!
O think that eild, wi' wyly fit,
Is wearing nearer bit by bit!
Gin yence he claws you wi' his paw,
What's siller for? Fiend hate ava;
But gowden playfair, that may please
The second sharger till he dies.

Some daft chiel reads, and taks advice;
The chaise is yokit in a trice;
Awa drives he like huntit de'il,
And scarce tholes time to cool his wheel,
Till he's, Lord kens! how far awa',
At Italy, or well o' Spa,
Or to Montpelier's safter air;

For far aff fowls hae feathers fair.

   There rest him weel! for eith can we
Spare mony glaikit gowks like he;
They'll tell whare Tiber's water's rise;
What sea receives the drumly prize,
That never wi' their feet hae met
The marches o' their ain estate.

   The Arno and the Tiber lang
Hae run fell clear in Roman sang;
But save the reverence o' schools,
They're baith but lifeless, dowy pools,
Dought they compare wi' bonny Tweed,
As clear as ony lammer-bead?
Or are their shores mair sweet and gay
Than Fortha's haughs or banks o' Tay?
Tho' there the herds can jink the show'rs
'Mang thriving vines an' myrtle bow'rs,
And blaw the reed to kittle strains,
While Echo's tongue commends their pains;
Like ours, they canna warm the heart
Wi' simple saft bewitching art.
On Leader haughs an' Yarrow braes,
Arcadian herds wae tyne their lays,
To hear the mair melodious sounds
That live on our poetic grounds.

   Come, Fancy! come, and let us tread
The simmer's flow'ry velvet bed,
And a' your springs delightfu' lowse
On Twida's bank or Cowdenknows,
That ta'en wi' thy enchanting sang,
Our Scottish lads may round ye thrang,
Sae pleas'd they'll never fash again
To court you on Italian plain;
Soon will they guess you only wear
The simple garb o' Nature here;
Mair comely far and fair to sight
Whan in her easy cleething dight,

Than in disguise ye was before
On Tiber's, or on Arno's shore.
O Bangour![13] now the hills and dales
Nae mair gie back thy tender tales!
The birks on Yarrow now deplore
Thy mournfu' muse has left the shore:
Near what bright burn or crystal spring
Did you your winsome whistle hing?
The muse shall there, wi' watry e'e,
Gie the dunk swaird a tear for thee;
And Yarrows' genius, dowy dame!
Shall there forget her blude-stain'd stream,
On thy sad grave to seek repose,
Who mourn'd her fate, condol'd her woes.

---

[13] Mr Hamilton of Bangour.

ANSWER TO MR J. S.'s EPISTLE

I TROW my mettl'd Louthian lathie,
Auld farren birky I maun ca' thee,
For whan in gude black print I saw thee
        Wi' souple gab,
I skirl'd fu' loud, "Oh, wae befa' thee!
        "But thou'rt a dab."

Awa ye wylie fleetchin fallow!
The rose shall grow like gowan yallow,
Before I turn sae toom an' shallow,
        And void of fusion,
As a' your butter'd words to swallow
        In vain delusion.

Ye mak my Muse a dautit pet:
But gin she cou'd like Allan's met,
Or couthy cracks and hamely get
        Upo' her carritch,
Eithly wad I be in your debt
        A pint o' parritch.

At times whan she may lowse her pack,
I'll grant that she can find a knack
To gar auld-warld wordies clack
        In hamespun rhime,
While ilk ane at his billie's back
        Keeps gude Scots time.

But she maun e'en be glad to jook,
And play teet-bo frae nook to nook,
Or blush as gin she had the yook
        Upo' her skin,
Whan Ramsay or whan Pennicuik
        Their lilts begin.

At morning ear', or late at e'en,
Gin ye sud hap to come and see ane,
Nor niggard wife, nor greetin wee-ane,
   Within my cloyster,
Can challenge you and me frae preein
   A caller oyster.

Heh, lad! it wad be news indeed,
Ware I to ride to bonny Tweed,
Wha ne'er laid gamon o'er a steed
   Beyont Lysterrick;
And auld shanks-nag wad tire, I dread,
   To pace to Berwick.

You crack weel o' your lasses there,
Their glancin een and bisket bare;
But tho' this town be smeekit sair,
   I'll wad a farden,
Than ours there's nane mair fat an' fair;
   Cravin your pardon.

Gin heaven shou'd gie the earth a drink,
And afterhend a sunny blink,
Gin ye ware here, I'm sure you'd think
   It worth your notice,
To see them dubs and gutters jink
   Wi' kiltit coaties.

And frae ilk corner o' the nation,
We've lasses eke o' recreation,
Wha at close-mou's tak up their station
   By ten o'clock:
The Lord deliver frae temptation.
   A' honest folk!

Thir queans are ay upo' the catch
For pursy, pocket-book, or watch,
And can sae glib their lessins hatch,
        That ye'll agree
Ye canna eithly meet their match
          'Tween you and me.

For this gude sample o' your skill,
I'm restin you a pint o' yale,
By an' attour a Highland gill
        O' Aquavitæ;
The which to come and sock at will,
          I here invite ye.

Tho' jillet Fortune scoul an' quarrel,
And keep me frae a bein beef barrel,
As lang's I've twopence i' the warl'
        I'll ay be vockie
To part a fadge or girdle farl
          Wi' Louthian jockie.

Farewell, my cock! lang may ye thrive,
Weel happit in a cozy hive;
And that your saul may never dive
        To Acheron,
I'll wish as lang's I can subscrive
        ROB. FERGUSSON.

17736658R00072

Printed in Great Britain
by Amazon